LA TÉLÉPSYCHIQUE

Cet ouvrage a été publié en langue anglaise, sous le titre:
TELEPSYCHICS: The Magic Power of Perfect Living
par: Parker Publishing Co., West Nyack, New York
Copyright ©, 1973 by Parker Publishing Company
Tous droits réservés

©, Les éditions Un monde différent ltée, 1983
Pour l'édition en langue française

Quatrième édition

Dépôts légaux: 1er trimestre 1983
Bibliothèque nationale du Québec
Bibliothèque nationale du Canada

Conception graphique de la couverture:
MICHEL BÉRARD

Version française:
Bureau de traduction TRANS-ADAPT INC.

ISBN: 2-920000-89-6

Docteur Joseph Murphy

LA TÉLÉPSYCHIQUE

VOTRE PUISSANCE EST PRODIGIEUSE

Les éditions Un monde différent ltée
3400 boul. Losch, Local 8
St-Hubert, QC, Canada
J3Y 5T6

Ce que ce livre peut vous apporter

Chacun possède le pouvoir de communiquer constamment avec les multiples et extraordinaires puissances de son esprit; c'est la télépsychique. Partout où je vais, que ce soit en Europe ou en Asie, en Afrique ou en Australie, ou encore en Amérique, des gens me parlent des étonnants pouvoirs qu'ils ont contactés et qui ont complètement transformé leur vie.

Ce livre, nous l'avons voulu extrêmement pratique et même, terre à terre. Il s'adresse à tous ceux et celles qui désirent exploiter les richesses de leur esprit afin d'obtenir les objets de leurs désirs et de leurs besoins. Utilisées correctement, les lois de votre subconscient vous donneront des résultats immédiats. Chaque chapitre de ce livre vous apporte des techniques simples et concrètes et des programmes faciles pour vous permettre de pratiquer l'art de vivre une vie heureuse et bien remplie.

Vous y apprendrez comment affronter et surmonter les multiples défis, difficultés et problèmes de la vie quotidienne. Cet ouvrage vous dévoile des techniques spéciales pour faire agir immédiatement les extraordinaires pouvoirs qui sont en vous.

Caractéristiques uniques de ce livre

Dans cet ouvrage vous apprendrez comment visualiser les événements futurs et s'ils semblent de nature négative, comment les changer par l'application des puissances métaphysiques. Vous apprendrez comment développer vos puissances intuitives ainsi que toutes les autres puissances psychiques qui vous permettront de vous engager dans la voie royale menant vers la liberté et la paix de l'âme. Vous apprendrez pourquoi la magie, noire et blanche repose sur la superstition; comment neutraliser et rejeter les soi-disant malédictions vaudous de même que toutes les autres suggestions négatives qui peuvent vous affecter de façon nuisible.

Dans cet ouvrage vous apprendrez aussi à utiliser les pouvoirs de la perception psychique et extra-sensorielle. Vous pouvez communiquer avec des personnes soi-disant ''mortes'' et déterminer si un être cher vous a vraiment parlé. Plusieurs personnes ont de longues conversations avec des esprits ou des entités désincarnées et en reçoivent des réponses extraordinairement intelligentes. Vous apprendrez comment un médium pratique l'écriture automatique (sans stylo ni crayon) et dévoile l'avenir avec une justesse étonnante.

Les nombreux chapitres de ce livre ont été écrits pour toutes les personnes qui désirent réaliser leurs rêves, leurs aspirations et leurs ambitions dans la vie, qu'il s'agisse du commis-voyageur, de la secrétaire, du facteur, de la maîtresse de maison, de l'homme d'affaires, du commis derrière son comptoir, de l'étudiant ou de l'homme de carrière. Chaque chapitre regorge donc de multiples techniques simples, pratiques et concrètes pour faire agir les puissances de votre esprit psychique, puisque vous êtes persuadé que dans votre subconscient loge une intelligence infinie qui ne connaît que la réponse vraie à toutes vos questions.

Quelques points saillants de ce livre

Voici quelques-unes des histoires de cas présentées dans cet ouvrage illustrant comment des personnes ont bénéficié de l'utilisation de leurs puissances télépsychiques.

— Un étudiant sur le point d'échouer comprend soudain que l'Infini ne peut échouer. Il se branche sur l'Infini et connaît une réussite éclatante.   (Page 23)

— Une jeune infirmière voit en rêve le détournement de l'avion qu'elle est censée prendre. Elle annule son voyage et s'en réjouit car l'avion est réellement détourné.   (Page 25)

— Un directeur commercial concentre son attention sur un mur blanc puis y projette une image mentale du chiffre d'affaires qu'il désire atteindre. Il obtient des résultats extraordinaires.   (Page 26)

— Une femme surmonte sa peur de quatre personnes qu'elle soupçonnait de prier pour sa perte. Elle se joint à l'Unique Puissance et connaît maintenant la paix de l'esprit.   (Page 41)

— À Hawaï une femme apprend à se moquer de la soi-disant magie noire et des malédictions vaudous. Après avoir découvert la Puissance en elle, elle dit: "Je suis maintenant libre."   (Page 43)

— Une étudiante qui priait pour un mari fait un rêve où elle voit son futur mari, un livre sous le bras. Deux mois plus tard, elle rencontre effectivement "l'homme de ses rêves" et l'épouse. (Page 53)

— La télépsychique permet à un détective de découvrir une importante cache de drogues: il avait tout vu en détail dans un rêve. Les narcotiques avaient une valeur de 3 000 000$. (Page 162)

— Une femme utilise la télépsychique et réussit à sauver la vie de son mari. Un homme avait tiré trois balles dans sa direction, sans l'atteindre: ce sont les prières de sa femme qui l'avaient protégé. (Page 166)

— Un rêve permet à un homme d'avoir la vie sauve. Dans ce rêve, il voyait des manchettes de journaux où l'on disait que 92 personnes avaient péri. Il reporte son voyage et l'accident qu'il avait vu en rêve se produit dans la réalité. (Page 176)

— La télépsychique sauve la vie d'une mère et de son fils en train de mourir axphysiés par une fuite de gaz. Le mari décédé de cette femme lui était apparu en rêve pour la prévenir de fermer le gaz. (Page 133)

— La télépsychique retrouve son diamant perdu. En rêve, elle voit clairement le diamant enveloppé dans un papier et glissé dans une vieille chaussure appartenant à sa bonne. (Page 146)

— La télépsychique agit comme associé invisible et guide un homme d'affaires qui investit souvent plus de 1 000 000$. Ses investissements rapportent toujours des profits élevés. (Page 150)

— Une simple explication de la télépsychique sauve la vie d'une mère tentée par le suicide. (Page 152)

— Grâce à la connaissance de la télépsychique un homme réussit à sortir indemne d'un avion en flammes. (Page 160)

— Un jeune homme d'affaires pratique la télépsychique et réalise une petite fortune dans l'or. Un homme lui apparaît en rêve et lui donne les noms des actions d'or à acheter. Il suit les directives à la lettre et connaît la réussite financière. (Page 63)

— Un homme avait caché des titres sans révéler l'endroit de la cachette à personne. Après sa mort, sa fille réussit à les retracer grâce à la télépsychique. (Page 65)

— Une institutrice se découvre des talents cachés en rêve. Elle réalise ainsi son désir de s'exprimer et de faire fortune. (Page 81)

— Grâce à la télépsychique, une jeune femme apprend où se trouve cachée la fortune familiale. Son père, décédé, lui apparaît en rêve et lui indique où trouver un coffre d'acier contenant 13 000$. (Page 83)

— La télépsychique permet à un jeune homme de devenir pilote de ligne. Pour dix postes, il y avait 2 500 candidats dont 90% avaient plus d'expérience que lui. Il s'imagine travaillant déjà comme pilote et réussit à décrocher un poste. (Page 100)

— La télépsychique révèle à un homme dans son sommeil les numéros sur lesquels miser à la roulette. Le lendemain, il gagne 50 000$. (Page 241)

— La télépsychique révèle à une jeune femme où se trouve une urne de terre cuite. Son père creuse dans sa cour et découvre l'urne remplie de pièces d'une grande valeur datant de 1898.   (Page 276)

La télépsychique est une méthode simple, pratique, logique et scientifique, dont l'efficacité vous permet de réaliser vos désirs les plus ardents. Je tiens à affirmer sans l'ombre d'un doute qu'en suivant les conseils de ce livre, vous récolterez les fruits d'une vie riche, remplie de bonheur, de joie et de succès. Appliquez les conseils de ce livre dans votre vie quotidienne et votre vie se remplira de merveilles.

Docteur Joseph Murphy

Table des matières

Ce que ce livre peut vous apporter

1

De la télépsychique à la perfection: votre puissance est prodigieuse

La magie est l'art de produire des effets ou des résultats désirés grâce à diverses techniques. On a coutume de parler de la magie de la musique, de la magie du printemps, de la magie de la beauté. C'est également l'art d'illusionner, l'art de celui qui, sur scène, par un tour de passe-passe, de prestidigitation, fait sortir un lapin de son chapeau ou fait disparaître un spectateur.

Cette puissance invisible est en vous

Pour la majorité d'entre nous, la magie consiste à produire des effets grâce à des forces inconnues. Observez, cependant, que ce terme est tout relatif: si ses procédés vous sont connus, une magie particulière n'en sera, bien entendu, pas une pour vous. Ainsi, aujourd'hui même, dans bien des régions isolées de notre planète, l'homme primitif verrait dans l'avion, le poste de radio, le poste de télévision, les divers appareils d'enregistrement, des objets magiques. Et notre réaction n'aurait pas été différente, il y a un siècle ou deux, devant ces inventions.

Nous comprenons, à notre époque, comment des astronautes ont réussi à se rendre sur la lune, aussi ne crions-nous pas à la magie. Toute force est, en soi, un mystère; tout procède de l'Esprit. Cet Esprit nous est invisible, et pourtant nous pouvons ressentir en nous-mêmes l'esprit de la joie, l'esprit du jeu, l'esprit du musicien, l'esprit de l'orateur tout comme l'esprit de bonté, de vérité et de beauté répandus dans notre esprit et notre coeur. Jamais théologien n'a de ses yeux vu l'Esprit (Dieu), et pourtant nous pouvons, à chaque étape de notre existence, avoir recours à sa Présence et à sa Puissance. Nous ignorons, par exemple, ce qu'est l'électricité; nous n'en connaissons que certaines de ses applications. En soi, cette force demeure pour nous un mystère. En fait, nous faisons tous, à chaque instant, de la magie. Voulons-nous lever le petit doigt qu'aussitôt, comme par miracle, cette puissance invisible satisfait à l'intention de notre esprit; et pourtant nous ne savons pas avec exactitude comment il se fait que notre petit doigt se mette à bouger.

Socrate nous dit que, du simple mouvement d'un doigt, nous affectons la plus lointaine des étoiles. Cette puissance magique qui nous habite, bien qu'on ne la nomme pas ainsi dans la vie quotidienne, nous est, vous allez vous en rendre compte, assez familière.

Entrons en contact avec la Puissance magique

Vous avez la capacité d'entrer en contact avec la Puissance infinie qui vous habite, le pouvoir de transformer radicalement votre existence. Où que j'aille, que ce soit en Europe, en Asie, en Afrique, en Australie ou dans les villes de notre continent, les gens m'approchent pour me parler de cette Puissance prodigieuse et inexploitée sur laquelle ils se sont fixés et qui a complètement transformé leur existence. Nombre d'entre eux m'ont confié que leurs amis et leurs relations de vieille date leur ont fait la remarque suivante: "Mais qu'est-ce qui t'est arrivé? Je ne te reconnais plus."

Vous allez découvrir, en appliquant les techniques et les procédés exposés dans le présent ouvrage, que cette Puissance intérieure vous permet de résoudre vos problèmes, de connaître la prospérité, de découvrir vos talents cachés, de vous libérer, enfin, de la maladie, de l'infortune, de vos insuffisances et de vos faiblesses. Cette Puissance vous guidera, vous ouvrira de nouveaux champs d'expression. Vous deviendrez réceptif à l'inspiration, à des conseils, à des idées nouvelles et créatrices qui vous apporteront l'harmonie, le bonheur et la sérénité.

Le cas de l'étudiant qui mit le contact pour réussir à ses examens

Je parlais, il y a quelques mois, avec un étudiant du collège dont les notes étaient médiocres. Il se sentait assez découragé du fait que ses notes étaient, selon ses propres termes, assez faibles pour le faire échouer. Il venait de lire et d'étudier *Les Secrets du Yi King* et avait obtenu comme réponse à une de ses questions: "Allez voir le sage", il en avait conclu qu'il devait aller consulter un conseiller ou un directeur de conscience, même si, par ailleurs, cette phrase a des implications plus profondes.

Je lui demandai: "Pourquoi voulez-vous de mauvaises notes? L'Intelligence infinie demeure en vous, dans votre subconscient, vous pouvez en tirer profit."

"Bon, voilà, me confia-t-il, mes parents ne cessent de de me critiquer et de répéter que ma soeur réussit bien mieux que moi dans ses études, qu'elle passe ses examens avec succès et sans difficulté."

La réponse que je donnai à ce jeune homme fut qu'il devait cesser à tout jamais de se comparer à sa soeur, que toute comparaison est odieuse, que chacun d'entre nous est unique et que nous sommes tous nés avec des talents différents.

"En vous comparant aux autres, vous les placez sur un piédestal et vous ne vous faites pas justice. Qui plus est, vous accordez trop d'importance aux activités et aux succès de votre soeur, ce qui vous fait négliger vos aptitudes et vos talents personnels. Si vous continuez dans cette voie, vous allez céder au découragement, perdre toute motivation et vous serez de plus en plus tendu et angoissé."

Votre seul combat se joue dans votre propre esprit, entre la pensée de l'échec et celle du succès. Vous êtes né pour gagner, pour triompher, pour réussir et pour surmonter tous vos problèmes. "La puissance infinie est invincible et vous êtes en étroite communion avec Elle."

Il adopta la méthode que je lui proposai, méthode simple et facile qu'il appliqua, soir après soir, avant d'aller se coucher, et qui consistait à dire en son for intérieur:

"Je souhaite de tout mon coeur à ma soeur et à tous mes camarades d'étude de réussir et de s'accomplir dans toutes les matières qu'ils étudient. L'Intelligence infinie me guide dans mes études et me révèle tout ce qu'il me faut savoir. Mon subconscient, je le sais, possède une mémoire parfaite et me révèle les réponses à tous mes examens. L'Ordre divin me couronne de succès. Je dors en paix la nuit, je m'éveille dans la joie.''

Tandis qu'il poursuivait le cours de ses pensées et de ses actions dans ce sens-là, il me déclara il y a quelques semaines: ''Je ne joue des coudes avec personne. Je réussis bien. Je sais maintenant que j'ai tout ce qu'il faut pour réussir.''

Emerson, philosophe américain, a dit: ''Une voix nous parle à l'oreille; en l'écoutant humblement, nous entendrons sa juste parole.''

La télépsychique sauve une jeune femme

Télé signifie: communication, et *psyche* désigne l'Âme ou l'Esprit qui demeure en vous. Lorsque vous priez, vous entrez en communication avec votre Psyché, également appelée Moi profond, qui réagit en fonction de votre foi en Elle, de sa pleine reconnaissance.

Une jeune infirmière avait décidé, tout dernièrement, de faire un voyage en avion, mais, au cours de la nuit qui précédait son départ, elle vécut une expérience étonnante: elle vit en rêve que son avion était attaqué par des pirates de l'air et entendit de son oreille intérieure une voix lui dire: ''Annulle ton voyage''. Elle se réveilla en sursaut, suivit cet ordre intime et annula sa réservation. L'avion, le croirez-vous, fut bel et bien attaqué.

Cet ange gardien qu'est son subconscient lui avait donné à voir l'événement, pour sa protection, avant même qu'il ne se produise. Ce projet de piratage était déjà inscrit dans le subconscient universel et, des profondeurs de son esprit, en réponse à ses prières pour un soutien, elle reçut le message en rêve.

Voici la prière qu'elle répète soir après soir avant de s'endormir:

"L'Amour divin m'ouvre tous mes chemins, y répand le bonheur, la splendeur et la joie. Le cercle sacré de l'éternel amour de Dieu me garde, je suis à la garde de Dieu. Dieu bénit ma vie."

Cette prière est la pure expression de la télépsychique, de cette pleine et entière communication avec l'intelligence infinie de son subconscient, omnisciente, omniprésente, sensible à la nature de ses pensées. Action et réaction sont d'ordre cosmique, universel. Dans la prière, vous dialoguez avec votre Moi profond. Certains l'appellent Dieu, d'autres, le Moi réel, l'Esprit vivant omnipotent, le Père profond, l'Intelligence infinie, l'Âme cosmique, Brahma, Allah, etc. La Puissance intime a reçu bien des noms mais, en tout état de cause, elle n'en porte aucun; éternelle, elle est hors de tout temps, de tout espace. Les Saintes Écritures La nomment "JE SUIS", soit l'Être, la Vie, la Conscience, l'Esprit qui va de Soi, la Conscience pure.

Contentez-vous de garder à l'esprit que la Puissance infinie réagit à vos pensées, qu'action et réaction sont réciproques: vous récolterez ce que vous aurez semé et les réponses seront ce que seront les questions.

Un directeur commercial découvre la puissance de ses représentations mentales

Thoreau affirma, il y a bien des années, que nous

sommes l'enfant de nos représentations. Les images mentales que vous entretenez dans votre esprit trouvent généralement leur expression dans votre expérience.

Un directeur commercial familier de mes conférences dominicales au Wilshire Ebell Theatre m'a expliqué la méthode extrêmement efficace qu'il a adoptée pour capter la puissance de son imagination. La voici:

Il se détend, apaise son esprit en se répétant calmement le Psaume 23; puis il tourne les yeux vers le mur blanc de son bureau et, tandis qu'il concentre son attention sur cette surface unie, immaculée, il y projette l'image du volume des ventes qu'il désire atteindre pour la fin de l'année. Il se fixe entièrement sur ce montant, concentre toute son attention sur les résultats financiers, puis, se pénètre de la pensée que tous ces chiffres sont alors absorbés par son subconscient pour, finalement, s'entendre féliciter par le président de sa compagnie pour la prodigieuse croissance de l'entreprise et l'éclat de ses succès. Ce monsieur a ajouté que le grand apaisement qui ne manque jamais de suivre cet exercice est pour lui le signe que les chiffres ont atteint son subconscient.

Voici une belle illustration de ce qu'est la télépsychique correctement appliquée: son image mentale s'est communiquée à son psychisme (son subconscient) et, dans cette chambre noire qu'est son esprit, a été développée, pour enfin se manifester par le sentiment de joie qu'accompagne toute prière exaucée.

Ce directeur commercial m'a précisé qu'au cours des quatre années précédentes, les résultats commerciaux avaient toujours dépassé les projections de son esprit.

Ceci est incontestable: votre subconscient ne manque jamais d'amplifier les messages qui lui sont envoyés.

Alimentez votre subconscient d'images justes

Toute représentation mentale, et surtout lorsqu'elle est chargée d'affectivité, finit par se manifester par une action, qu'elle soit intérieure ou extérieure. Si vous l'empêchez de s'exprimer dans une action intérieure, elle se fera nécessairement sentir en vous par quelque trouble d'ordre mental, physique ou affectif. Gardez-vous de former en votre esprit des images que vous n'aimeriez pas voir se concrétiser par des actions dans le monde extérieur.

J'ai un jour rencontré un alcoolique qui avait été mis en prison pour avoir assassiné quelqu'un. Il m'affirma qu'il avait pris la ferme résolution de ne jamais plus se laisser aller à la boisson à sa sortie de prison. Et pourtant, il avait à peine recouvré sa liberté qu'il se remettait à boire de plus belle. Pourquoi donc? Eh bien, la raison en est très simple: pendant tout son séjour en prison, il n'avait jamais cessé de se représenter en esprit un verre à la main; aussi, à peine libéré, avait-il repris sa chère habitude. Il n'avait eu qu'à réaliser une image mentale cultivée jour après jour. Et s'il ne l'avait pas réalisée dans le monde extérieur, il en aurait payé le prix sous quelque autre forme, organique ou affective selon toute probabilité.

Pour nous résumer, toute représentation mentale aboutit nécessairement à une action, faute de quoi, c'est au corps qu'elle fait subir des distorsions, de nature organique ou affective.

Un écrivain découvre en son for intérieur
cette puissance magique

Un écrivain de mes amis m'a raconté qu'il ne s'entendait pas avec le metteur en scène de l'adaptation pour le théâtre d'une de ses oeuvres. Leurs propos avaient été assez vifs. Il avait lu *La Dynamique de l'Esprit et des miracles et s'était mis à appliquer nombre des types de* prière qui y sont exposés. De retour chez lui, il était allé se détendre au salon et y méditer sur cette Puissance infinie présente en lui; sur ce, il s'engagea dans une conversation imaginaire avec son metteur en scène, comme s'il vivait l'avenir au présent. Il plaça en esprit l'image du metteur en scène en face de lui et appela sur eux l'harmonie, la paix et une entente parfaite. Dans son imagination il conversa avec le metteur en scène, lui disant qu'il ne désirait rien d'autre que l'action juste inspirée par Dieu. Il se représenta la réponse du metteur en scène dans les termes suivants: ''Notre entente est parfaite. L'action juste, que Dieu inspire, seule demeure.''

Dans cet état d'abandon et de détente, il vit que tout se terminerait pour le mieux, il serra une main imaginaire, celle du producteur, éprouva la perfection, l'harmonie de cette solution. Quelques jours plus tard, cet écrivain croisa le metteur en scène dans un club dont ils étaient tous deux membres. Sans même lui laisser le temps de le saluer, le metteur en scène le héla pour lui dire: ''J'ai relu votre texte, c'est vrai, vous avez raison. Si votre action est juste, elle fait justice à nous tous.''

Ce que l'écrivain avait appelé la vérité subjective s'était objectivement accompli. Tentez-en l'expérience. Ça marche! Il n'est personne, pas un seul être humain, qui ne puisse vaincre la peur, la colère, l'hostilité, qui ne puisse venir à bout de ses contradictions, épanouir son esprit, vivre une vie radieuse. Il suffit, à l'instar de l'écrivain, de transformer notre attitude. Ce grand psychologue qu'était William James a dit: ''L'Homme a le pouvoir de transformer sa vie en modifiant les dispositions de son esprit.''

La télépsychique s'adresse à tous, tant hommes que femmes

L'inspiration, ce contact avec la Puissance infinie, peut vous devenir aussi naturelle que l'air que vous respirez, librement, sans effort; il en va ainsi de l'Intelligence divine, de l'Essence créatrice de Dieu: c'est sans tension aucune que nous la laissons entrer en notre intelligence, en notre esprit.

Sur le sujet de l'inspiration, les erreurs sont fréquentes; les gens croient que c'est une expérience hors du commun réservée aux mystiques, aux êtres doués d'une haute spiritualité. Ce n'est pas exact. S'il est certes vrai que les sentiments et les idées spontanées issus de celle-ci peuvent être fréquentes chez les êtres qui spiritualisent leur existence, il n'en est pas moins vrai qu'un homme d'affaires peut également la recevoir, s'il s'ouvre à la Puissance infinie qui demeure en lui. Il n'est point de problème qui ne puisse trouver sa réponse grâce à l'inspiration, à la Garde divine. En d'autres termes, il suffit, pour pouvoir trouver réponse à vos besoins d'information et de connaissance, pour pouvoir démêler vos soucis d'affaires, que vous vous tourniez vers Dieu, vers la Puissance infinie.

Vous êtes peut-être un écrivain avec quelques ouvrages déjà à votre crédit, mais, placé devant votre machine à écrire ou un stylo à la main devant votre bloc de papier, vous ne trouvez rien, rien ne se produit, ni histoire, ni intrigue, aucune idée. Peut-être avez-vous bu six tasses de café, mais en vain. Apaisez alors votre esprit, dites-vous que vous êtes inspiré par le Ciel et que les idées créatrices de Dieu se déploient et s'ordonnent en leur ordre divin. Et vous recevrez connaissance, conseils et énergie créatrice. Libres comme l'eau, joyeuses, mues par l'amour, les idées alors naîtront en vous.

Un ingénieur reçoit l'information qu'il lui fallait

Un ingénieur m'a confié qu'il avait eu besoin d'une information précise lors d'un examen d'ingénierie. Il savait que son professeur la lui avait précédemment donnée, mais il l'avait oubliée. Il demanda à son subconscient de lui fournir la réponse, s'appliqua ensuite à couvrir le reste de l'examen et la réponse, enfin, surgit des profondeurs de son esprit. Elle n'avait jamais cessé d'être dans son subconscient; il s'était détendu, décontracté, la sagesse de son subconscient s'était librement déversée dans sa conscience: il passa l'examen haut la main. Retenez bien ceci: les réponses se reçoivent dans la paix de l'esprit.

Comment fut inventée la caisse enregistreuse

J'ai lu, il y a quelques années, un article sur l'inventeur de la caisse enregistreuse. L'article indiquait qu'en dépit de son manque d'instruction, cet homme était intelligent et perspicace.

Alors qu'il faisait une longue traversée océanique, il avait demandé à l'un des officiers de lui expliquer le fonctionnement de l'appareil qui enregistrait la vitesse du navire. Il entendit l'explication et c'est alors que, en une fraction de seconde, lui vint l'idée de la caisse enregistreuse! Cet homme était sensible au problème suivant: bien des gens sont accusés à tort d'avoir volé alors que les voleurs ne sont souvent jamais pris; par ailleurs, nombre d'erreurs se produisent lorsqu'on rend la monnaie. Il vit sur le champ le rapport qui existait entre le fonctionnement de cet appareil et la solution de son problème: c'est à partir de cette inspiration première que fut créée la caisse enregistreuse.

L'inspiration, la télépsychique. Demandez à votre subconscient de vous inspirer des idées créatrices: une telle idée valant une fortune, pourrait bien naître des sources qui sont en vous.

La télépsychique, c'est du quotidien

Vous l'avez, ce pouvoir de vous mettre en relation avec votre Moi profond et d'en recevoir les réponses: il suffit de vous détendre et d'avoir pleine conscience qu'à tout appel que vous lui enverrez, une réponse conforme à la nature de votre appel vous sera renvoyée. La ligne de force de la centrale électrique aboutit à votre salon, à votre sous-sol, ne l'oubliez pas. Le cable appartient à l'Hydro, les circuits domestiques à vous et l'interrupteur vous permet d'ouvrir la lumière. Il n'en va pas autrement de votre conscience: elle peut, en cette minute même, ouvrir le contact avec les réservoirs insondables de sagesse qui sont en vous. Prier ne rimerait à rien si vous n'aviez l'inébranlable certitude que cette intelligence, cette sagesse ne logeait en ce subconscient qui est vôtre, qui sait, qui voit et qui prête l'oreille à tout appel.

Comme le confirme la Bible:

Ainsi, avant qu'ils n'appellent, moi je répondrai, ils par-
leront encore que j'aurai déjà entendu. (Isaïe 65; 24)

EN RÉSUMÉ...

1. Pratiquer la télépsychique, c'est entrer en communication avec votre psychisme, votre âme, en d'autres
   termes, avec ce subconscient qui coexiste avec la
   sagesse et la puissance infinie. Quand vous priez de
   toute votre foi, votre subconscient vous fournit la
   réponse.

2. Le mot "magie" est un terme tout relatif. Pour la
   majorité des gens, la magie consiste à produire des
   effets en ayant recours à des forces inconnues. Toute
   force est, en soi, un mystère. Les savants ignorent en
   quoi consiste l'énergie. À une dame qui lui demandait
   ce qu'était l'électricité, Edison se contenta de répondre: "Elle existe, madame. Servez-vous-en". Il existe
   une puissance, une intelligence, une sagesse infinie
   dans votre subconscient: elle sait tout et voit tout.
   Vous pouvez entrer en contact avec cette puissance.
   Cette puissance primordiale est sans nom et sans âge;
   elle est hors du temps, elle est éternelle.

3. Vous pouvez exploiter vos puissances intérieures pour
   résoudre vos problèmes, pour connaître, en chacune
   de vos entreprises, la prospérité, pour découvrir vos
   talents cachés et ainsi vous engager sur la voie royale
   du bonheur, de la sérénité et de la liberté.

4. Cessez une bonne fois pour toutes de vous comparer
   aux autres. Par une telle attitude, vous placez les

autres sur un piédestal, ce qui revient à vous diminuer à vos propres yeux. Concentrez-vous plutôt sur vos puissances intérieures et vous connaîtrez une réussite éclatante dans le domaine que vous vous serez choisi. Vous allez passer un examen? Ne vous comparez surtout pas aux autres étudiants! Autrement, vous connaîtrez tensions et angoisse. Décontractez-vous, apaisez le cours de vos pensées, pénétrez-vous soirs et matins dans la chaleur de votre conviction et de votre émotion, de ces mots: "L'Intelligence infinie qui demeure en mon subconscient me précède et me guide en toute étude et je passerai tout examen selon l'Ordre divin."

5. Votre prière ne vous livre à rien d'autre que votre Moi profond, ce que certains appellent Dieu, ou encore l'Intelligence suprême. La réponse obtenue dépend de votre conviction. Il vous arrivera sans doute de recevoir une réponse grâce à un rêve qui vous déconseillera d'entreprendre un certain voyage. Une jeune femme, par exemple, qui avait demandé avec constance dans ses prières Amour divin, conseils et la voie de l'action juste, vit en rêve, à 24 heures de distance, que l'avion qu'elle devait prendre serait capturé par des pirates de l'air. Sa réaction fut d'annuler sa réservation. Point de mystère là-dessous: le projet de cette piraterie était déjà inscrit dans le subconscient collectif, son subconscient, lequel ne faisant qu'un avec l'esprit collectif, lui avait révélé l'événement.

6. Vos images mentales tendent à se répercuter dans votre existence. Ainsi ce directeur commercial qui se concentre sur les résultats qu'il désire pour la fin de

l'année et qui, à force de concentration et de répétitions, inscrit cette image mentale dans son subconscient. Depuis quatre ans, les résultats désirés ont été augmentés et multipliés par l'action de son subconscient. Le subconscient, en effet, amplifie les objets de votre attention, et cela, quels qu'ils soient.

7. L'alcoolique repenti qui fixe son attention sur la boisson sera inexorablement porté à recommencer. Toute image mentale mettant en jeu vos émotions se manifestera dans votre expérience. Donnez pour seuls aliments à votre imagination les valeurs vraies et la beauté.

8. En cas de mésentente, engagez-vous dans une conversation imaginaire avec la personne concernée, une conversation inspirée par la Règle d'or et la Loi de l'Amour; tissez entre elle et vous les fils de la paix, de l'harmonie, du divin Accord. Projetez dans votre esprit l'image d'une heureuse conclusion où vous vous serrez la main dans l'entente et la sérénité. Rien de ce que votre imagination et vos sentiments tiennent pour votre vérité subjective n'échappera à son accomplissement objectif. Comme le disent les Saintes Écritures:

...Je vous le dis maintenant avant que cela n'arrive, pour qu'au moment où cela arrivera, vous croyiez.
(Jean 14; 29)

2

La télépsychique révèle le grand secret de tous les temps

Nombre de nos contemporains s'inquiètent de projections mentales malveillantes de magie noire, de mauvais oeil, de vaudou...; ils semblent craindre qu'il existe des pouvoirs occultes auxquels certaines personnes recourraient pour les faire souffrir et ruiner leur bonheur.

Le grand secret de l'humanité

Vous vivrez vraiment votre vie dans la plénitude du bonheur le jour où vous vous éveillerez à la Vérité des vérités. Elle se trouve dans le Deutéronome: *Écoute, Israël: Yahvé notre Dieu est le seul Yahvé* (6;4) qui se traduit ainsi: Écoute (comprends), Israël (l'être humain illuminé, éveillé à la conscience): Yahvé (la Puissance du Seigneur, la Puissance suprême) notre Dieu (notre Souverain, la Puissance infinie) est le seul Yahvé (la seule Puissance, ni deux, ni trois, ni trente-six, ni trente-six mille: la seule).

L'origine des magies noire et blanche: la superstition

Aux tout débuts de notre existence, époque où nous étions très impressionnables, nos parents, par ignorance sans doute, nous ont parlé d'un Dieu-père punitif, et aussi du diable et de ses tentations. Ils nous ont averti, par ailleurs, que si nous étions très vilains, nous risquions de finir en enfer et d'y être torturé jusqu'à la fin des temps. Les enfants et les esprits puérils ne pensent qu'en images, appelées représentations mentales, et ils projettent, faute d'en savoir davantage, des images de ce dieu et de ce diable. Les enfants se représentent Dieu, assis au plus haut des cieux sur un trône d'or parmi les anges, et le diable leur apparaît dans un gouffre parmi les flammes de l'enfer; ils ne savent pas qu'en fait, chacun de nous fait son propre paradis ou son propre enfer par ses pensées, ses croyances et ses sentiments particuliers.

Les premiers êtres humains attribuaient leur expérience du plaisir à leurs dieux et l'expérience de la douleur, de la souffrance et du malheur aux mauvais esprits, aux démons façonnés par leur imagination. L'humanité préhistorique avait conscience d'être soumise à des forces inexplicables et incontrôlables. Lorsque se produisaient des inondations et des tremblements de terre, les sorciers, à défaut d'en connaître la cause, les attribuaient à la colère des dieux et, dans le même mouvement, se livraient à des sacrifices destinés à apaiser la fureur destructrice de ces présumés dieux. Le soleil donnait à l'humanité sa chaleur, mais ce même soleil, en période de sécheresse, semblait brûler la terre. L'humanité se réchauffait près du feu, mais ce même feu la brûlait; les éclats du tonnerre la terrifiaient; la foudre la pétrifiait de terreur; les eaux de la terre et du ciel inondaient ses champs, noyant parfois son bétail et ses enfants. Sa perception des puissances extérieures se traduisait par un ensemble de croyances élémentaires associées à une grande variété de dieux.

Pénétré de sa courte et grossière intelligence des choses, l'humanité primitive se mit à supplier les esprits des vents, des étoiles et des eaux dans l'espoir de se faire entendre et d'avoir réponse à ses prières. Elle présenta des offrandes, fit des sacrifices aux dieux du vent et de l'eau.

L'humanité primitive distinguait parmi les dieux et les génies ceux qui étaient bénéfiques et ceux qui étaient malfaisants. Aussi constate-t-on la permanence universelle de ces deux types de puissances dans les croyances religieuses de millions d'êtres humains. Cette croyance en deux puissances antagonistes est une survivance des superstitions originelles.

Dans votre vie, le bien et le mal sont les effets de votre pensée

Les forces de la nature ne sont pas mauvaises en soi; tout dépend de l'usage que vous en faites. Vous pouvez appliquer toute force à deux fins. Le même vent fracasse un navire sur les récifs ou le pousse jusqu'au port en sécurité. L'électricité nous permet de faire cuire un oeuf ou d'électrocuter notre voisin. Il ne tient qu'à nous de bien user de l'énergie atomique, comme pour la propulsion de navires à travers les océans, ou de l'appliquer à la destruction des peuples, des villes et des nations. L'eau peut vous servir à étancher votre soif ou à noyer un enfant, le feu, à le brûler ou à le réchauffer. C'est à nous qu'il revient de donner un emploi aux forces de la nature.

Le bien et le mal ne se trouvent nulle part ailleurs que dans la tête des gens. Du bien de ta pensée naîtra le bien; de ses maux le mal suivra.

Maintenez vos yeux sur la plus haute pensée et avancez dans la vie

Un magistrat du nom de Thomas Troward, auteur des Conférences d'Edimbourg et de nombreux autres ouvrages, fit l'affirmation suivante en 1902:

> *"Dès l'instant où vous admettez l'existence d'une Puissance extérieure à vous-même, aussi bénéfique que vous puissiez la concevoir, vous avez planté un germe dont le fruit sera tôt ou tard, fatalement, celui de la "peur", de la négation de la vie, de l'amour et de la liberté... Il est de notre devoir d'affirmer avec la plus entière conviction, en notre for intérieur ainsi qu'à travers nos actions, **notre seule et unique clef de voûte** est de ne jamais, au grand jamais, admettre ne serait-ce qu'un instant, la moindre pensée contraire à celle-ci: **la radicale Vérité de l'Être.**"*

Thomas Troward énonce ici une admirable vérité, que tout un chacun se doit de garder présente à l'esprit. Les suggestions d'autrui sont incapables de créer les objets qu'elles recherchent. Quand vous conformez vos pensées à la pensée de Dieu, Dieu accompagne en sa puissance la vertu de vos pensées. Il n'est de création qu'issue du mouvement de votre propre pensée. Vous détenez le pouvoir de rejeter en bloc toute suggestion négative et de vous unir en esprit avec l'Omnipotence dont le siège est en vous.

Ces fameux sortilèges vaudous...
rien de plus que des suggestions négatives

Il y a quelques années, je m'étais rendu au Cap, en Afrique du Sud, pour y donner une conférence à la demande du docteur Hester Brant, aujourd'hui décédée et qui dirigeait alors un vaste centre où s'enseignait la science de l'esprit. Lors de ce séjour, elle organisa à mon intention une visite dans une mine d'or de Johannesbourg. Un médecin attaché à cette mine m'apprit que lorsqu'un mineur contrevient au code de conduite de la compagnie, le sorcier lui adresse un message du genre: ''À 6 h, tu seras mort''; et le destinataire s'assied et se laisse mourir. Les autopsies ne dévoilent rien: c'est la peur, conclut le médecin, la peur engendrée chez la victime, qui la fait mourir.

Terreur d'une femme:
des gens liguent leurs prières contre elle

Il y a quelques semaines, une jeune femme est venue me confier son désarroi: selon elle, un groupe de gens appartenant à une société religieuse qu'elle venait de quitter s'étaient mis à liguer leurs prières contre elle, à cause de sa décision de quitter leur société. Elle se croyait la victime d'un sort. Tout lui semblait aller pour le pire.

Je lui ai expliqué que ce sort dont elle parlait ne provenait en fait que d'un usage négatif de la loi de son propre subconscient et qu'elle n'était victime que de sa propre peur. Elle avait incorporé les suggestions de ces gens aux mouvements de ses propres pensées et, du fait que ses pensées étaient créatrices, elle se torturait elle-même. Elle remettait sa puissance intérieure aux membres de cette société religieuse, alors qu'ils ne pouvaient exercer aucun pouvoir sur elle.

J'ai ajouté que le pouvoir était en elle et qu'elle devait cesser sur le champ de l'abandonner à autrui. Dieu, l'Esprit, est Un et Indivisible; Il est total. Aucun conflit ne Le divise; en s'alignant sur l'Infini, en Lui faisant acte d'allégeance, en y fixant sa dévotion et sa loyauté, elle ne pourrait courir aucun risque. Elle commença à affirmer: "Je demeure au lieu secret du Très Haut, je me maintiens à l'ombre du Tout-Puissant, *disant à Yahvé: Mon abri, ma forteresse, Mon Dieu sur qui je compte.* (Psaume 91,2)

Sur ce, j'ai ajouté: "Ne voyez en ces gens que des personnes d'une extrême ignorance, ayez de la compassion pour eux. La seule et ultime puissance est celle de la pleine affirmation, constructive de par sa nature même. Ces gens recourrent à la *suggestion,* qui constitue certes un pouvoir, mais non *la* Puissance (Dieu) qui se traduit par l'harmonie, la beauté, l'amour et la paix. À moins de lui consentir le pouvoir, toute suggestion, je le répète, est impuissante. Adhérez en pleine conscience à l'Amour infini, à la Vie, à la Puissance qui vous habitent et ne cessez jamais de vous pénétrer de cette pensée: "L'amour de Dieu m'enlace, m'entoure et m'enveloppe. Dieu bénit ma vie. Le charme de Dieu ravit tout mon être. Quand je pense aux gens de l'église, je me dis sans tarder: je vous abandonne à Dieu et vous libère."

À l'énoncé de ces simples paroles, elle s'est apaisée; elle s'est mise même à rire d'elle-même pour avoir prêté quelque pouvoir à ses ennemis. Elle a appris, une semaine plus tard environ, que cinq de ces femmes étaient tombées gravement malades et qu'une autre avait rendu l'âme. Cette jeune femme avait cessé de capter leurs pensées, leurs vibrations négatives et celles-ci, redoublant de force, s'étaient retournées contre elles. Cela s'appelle "l'effet de boomerang."

Cette femme croyait que son père pratiquait la magie noire

J'ai appris, il y a quelques mois, l'histoire d'une femme d'Honolulu, mariée hors de sa race et de sa religion. Son père était un Kahuna (un sorcier local); aussi croyait-elle qu'il avait des pouvoirs magiques et qu'il avait décidé de recourir à la sorcellerie pour briser son mariage. Une explication apporte souvent la guérison. Cette femme était diplômée de l'université d'Hawaï, elle avait un diplôme en psychologie, et pourtant, elle vivait dans la crainte des sortilèges de son père. Je lui ai expliqué que si son mari et elle étaient unis par l'amour, personne ni aucune circonstance ne pourrait briser leur mariage. Dieu est Amour et quand deux coeurs battent à l'unisson, toutes les excommunications, toutes les malédictions du monde seraient autant de coups d'épée dans l'eau.

L'impressionnabilité de notre subconscient conjuguée avec un usage négatif de notre imagination afflige de paralysie partielle des millions d'inconscients. Cette femme se rendait victime des pouvoirs tout illusoires de son sorcier de père (usage négatif de l'esprit), en croyant qu'il pouvait réussir.

Je lui ai raconté l'histoire de Plotin, qui vécut il y a plus de 1700 ans et qui fut l'un des grands Illuminés de son temps. Un prêtre égyptien vint le voir; émit un voeu de mort qu'il dirigea mentalement contre Plotin. Plotin connaissait la magie et savait que ce prêtre insensé s'imaginait maître de ce pouvoir. Il n'est aucune suggestion négative, aucune malédiction, qu'elles soient lancées par un seul prêtre, ou par toutes les églises de l'univers, qui puisse exercer le moindre pouvoir sur vous, à moins que vous ne soyez vous-même assez insensé ou ignorant pour les recevoir.

Plotin eut l'intuition qu'il était en union étroite avec un Dieu d'Amour. Dieu est la Toute-Puissance: un avec Dieu c'est une majorité.

... si Dieu est pour nous, qui sera contre nous?
(Romains 8;31)

... rien ne pourra vous nuire. (Luc 10;19)

Le malheur ne peut fondre sur toi,
ni la plaie approcher de ta tente. (Psaume 91;10)

... je ne crains aucun mal car
tu es près de moi. (Psaume 23; 4)

L'Histoire nous rapporte que ce mauvais sort, ne trouvant pas à se loger en Plotin, rebondit par ce fameux "effet de boomerang" sur le prêtre égyptien qui avait tenté d'y affirmer son pouvoir. Il fut pris de convulsions et s'effondra aux pieds de Plotin, sans connaissance. Plotin prit en pitié l'ignorance du prêtre et le releva. Il advint de ce prêtre qu'il reconnut l'Unité de la Puissance et qu'il devint un fidèle disciple de Plotin.

Ce récit déchargea l'esprit de cette Hawaïenne d'un grand poids. "Papa, je n'ai plus peur de toi, a-t-elle déclaré à son père. Tu ne mérites que de la pitié. Tu te crois maître du pouvoir, mais tu ne fais rien d'autre que des suggestions négatives et toutes ces suggestions, tous ces voeux que tu formes contre les autres, c'est dans ta propre expérience qu'ils trouvent leur forme concrète. La Puissance demeure en moi-même, je ne fais qu'une avec Dieu, cela je le sais. Son amour veille sur moi et me protège. Pour chaque pensée que j'ai pour toi, je déclare aussitôt: Dieu me garde; personne ne peut rien contre moi. Je suis libre.'' Et elle bénit son père, le libère et le rend à lui-même.

Elle m'a écrit, peu après, que son père n'avait pas cessé de les haïr, elle et son mari, et qu'il lui avait écrit que sa magie noire et sa sorcellerie les détruiraient tous les deux. Elle ne fit aucun cas de ses menaces: quelques semaines plus tard, il s'effondra dans la rue, mort. Elle ajoutait dans sa lettre que son père s'était tué à coups de haine et elle voyait juste. La haine, la jalousie, l'hostilité tuent l'amour, la paix, l'harmonie, la joie, la vitalité et la bonne volonté. Toutes ses pensées négatives, destructrices, rebondirent sur lui: il fut terrassé par ce double coup. Tout voeu que vous formez à l'intention d'autrui trouve sa forme et sa manifestation dans votre corps et dans votre expérience.

Moïse et les prêtres égyptiens

Dans l'Antiquité, les foules attribuaient à leurs prêtres le pouvoir de jeter des sorts contre ceux ou celles qui n'étaient pas dans leurs bonnes grâces, et les prêtres du temps profitaient de l'ignorance des gens. Moïse les laissa sans voix: telle fut la peur qu'il leur inspira qu'ils renoncèrent à leurs tentatives d'intimidations contre lui et son peuple. Moïse savait que Dieu est Un; sa sagesse rendit au néant toute pensée négative.

Engagez-vous dans le
droit chemin de la pensée

Il faut absolument que vous vous mettiez bien en tête ce qui suit: l'harmonie, la beauté, l'amour, la paix, la joie, tous les bienfaits de la vie ne jaillissent que d'une seule Source. Dieu ne fait rien qui ne soit amour, car Dieu est Amour infini. Dieu ne peut vouloir la souffrance, car Dieu est la paix absolue. Dieu ne peut vouloir l'affliction, car Dieu est la joie infinie. Dieu ne peut vouloir la mort, car Dieu est Vie et cette vie est vôtre aujourd'hui.

Toutes ces histoires de sortilèges, de sorciers, de magie noire, de satanisme... sont le produit de l'effarante ignorance de ceux et celles qui supposent l'existence d'une force opposée à la seule Puissance: Dieu seul. Non point deux, trois, mille et une puissances: Dieu l'Unique. Compter sur un quelconque pouvoir du mal pour s'opposer à Dieu relève de la plus stricte et de la plus grossière superstition.

Quand les hommes, de cette Puissance Une, tirent oeuvres, harmonie, paix et joie, ils la nomment Dieu. Quand ils y puisent dans l'ignorance, la haine et la bêtise, ils Lui donnent les noms de satan, diable, mauvais esprit, etc..

Les sorts se retournent contre leurs auteurs

Quand vous vous tournez vers la Toute-Puissance de l'Esprit Vivant, dont la demeure est en vous, que vous lui ouvrez votre coeur et votre esprit, que vous répétez jour après jour: "Dieu seul est; sa Présence me traverse et me verse en abondance la paix, l'harmonie, l'amour et la joie. Dieu me veille et m'entoure de son cercle sacré, son Amour" et quand vous Lui faites serment d'allégeance, voeu de fidélité et que vous Lui jurez loyauté, vous portez dans la Bible le nom d'Israël. Ainsi parle la Bible:

Car il n'y a pas de présage contre Jacob ni d'augure contre Israël. (Nombres 23;23)

Celui qui reconnaît la pleine et entière souveraineté de l'Esprit et la puissance de sa propre pensée connaîtra en toutes ses voies et chemins la douceur et la paix.

EN RÉSUMÉ

1. Le grand secret de tous les temps est la conscience que Dieu est Un et Indivisible, qu'Il est l'unique Présence et Puissance, Cause et Substance. L'être humain une fois illuminé abandonne toute allégeance, tout pouvoir, toute loyauté à la Cause suprême (l'Esprit), et non aux choses créées. Refusez le pouvoir à tout homme, pierre, situation, soleil, lune ou étoile. Ne reconnaissez que la puissance du Créateur.

2. À l'époque où nous étions enfants, notre pensée était faite d'images mentales; aussi son esprit puéril projetait-il l'image d'un Dieu à la longue barbe blanche trônant parmi des anges jouant de la harpe, tandis qu'il se représentait le diable cornu, chaussé de sabots, avec en guise de queue, un long dard. Tout ceci n'est que le produit imaginaire de nos esprits, l'effet des suggestions des adultes.

3. L'humanité primitive attribuait le plaisir aux dieux, la douleur et la souffrance aux puissances mauvaises. Ils imploraient les esprits des vents, des étoiles et des eaux, dans l'espoir qu'ils les entendraient et leur répondraient. La croyance en l'existence de deux puissances (le Bien et le Mal) remonte à ces superstitions ancestrales.

4. Les forces de la nature ne sont pas mauvaises en soi; tout dépend de l'usage que vous en faites. Vous

pouvez vous servir de l'électricité pour passer l'aspirateur ou pour électrocuter votre voisin. Le bien et le mal résident dans les mobiles de l'être humain, dans sa mentalité.

5. Dès l'instant où vous admettez l'existence d'une Puissance extérieure à vous-même, aussi bénéfique que vous puissiez la concevoir, vous avez planté un germe dont le fruit sera tôt ou tard, fatalement, celui de la "peur": négation de la vie, de l'amour et de la liberté.

6. Le vaudou, le sorcier, n'a aucun pouvoir; aussi, quand il décide de jeter un sort, de souhaiter la mort d'un indigène influencable, il lui fait savoir et ce dernier, croyant au pouvoir du sorcier, succombe à la suggestion qui s'est incorporée au mouvement de sa propre pensée. Les missionnaires, lorsqu'ils en sont la cible, haussent les épaules, sachant bien que les mauvais sorts n'ont aucun pouvoir. Rien dans leur subconscient n'est susceptible d'accepter les suggestions malveillantes du sorcier. Il faut que votre subconscient recèle un esprit ou un sentiment analogue pour que vous acceptiez les suggestions mauvaises. Quelle influence auriez-vous si vous suggériez l'échec à un homme sûr de lui, confiant dans le succès? Il vous rirait au nez.

7. Il est ridicule de concéder un pouvoir aux autres, lorsqu'ils vous déclarent diriger leurs prières contre vous. La meilleure réplique est de leur rire au nez: quoi qu'ils pensent, ils n'ont aucun pouvoir. Il n'est de pouvoir que de Dieu: Il est Affirmation suprême, unique Sagesse, le Dieu Tout-Puissant, le Père de la Création. Il se révèle par l'harmonie et rien ne peut

s'opposer à Lui, Lui résister, Le vicier. Il est Omni-potent. Attachez-vous à Lui: quand vos pensées ne font qu'une avec celles de Dieu, la puissance de Dieu accompagne vos bonnes pensées. Les pensées néga-tives des autres n'ont aucun pouvoir sur vous, si vous refusez de les accepter; elles rebondiront sur eux avec une force redoublée.

8. Quand l'Amour de Dieu unit l'épouse et l'époux, personne au monde ne peut briser leur union. Dieu est Amour. Si votre voisin vous dit qu'il va briser un mariage, donnez-lui votre bénédiction et poursuivez votre chemin.

9. La haine, le ressentiment, la jalousie et l'hostilité sont mortels pour l'amour, la paix, l'harmonie, la beauté, la joie et le discernement. Il est extrêmement dan-gereux d'engendrer à longueur de semaine des émotions négatives; une telle disposition d'esprit peut trouver son issue dans une maladie mortelle, des aberrations mentales ou la démence.

10. Moïse enseigna que la Puissance spirituelle est Une, alors que les prêtres égyptiens croyaient en l'existence de multiples dieux et mauvais esprits. Moïse savait que la Puissance est Une: il dispersa leurs pensées négatives comme paille au vent.

11. Pensez droit: accordez tout pouvoir, toute reconnais-sance, toute loyauté à la Puissance Unique et Suprê-me: la Toute-Puissance de l'Esprit de Vie, dont le siège est en vous. Fixez-vous en Elle, laissez-vous pénétrer par cette Présence, l'abondance de ses eaux d'harmonie, de santé, de paix et de joie.

3

La télépsychique:
votre découverte fait des miracles

Le philosophe américain Emerson a dit: "Le monde des choses finies souffre, il gémit sous l'effort. L'Infini, Lui, sourit dans la paix du repos." La loi de votre esprit se situe au-delà des personnes. Cette loi dit que ce que vous créez est le fruit de vos pensées, ce que vous attirez est le fruit de vos sentiments, ce que vous devenez est le fruit de votre imagination. Toute loi est impersonnelle et se situe au-delà des personnes: cette vérité s'applique à votre propre esprit. Il est dangereux de jouer avec des forces que l'on ne comprend pas. Si, par exemple, vous n'apprenez pas les lois de l'électricité relatives à sa conductivité, à son isolation, le fait qu'elle va d'un potentiel plus élevé à un potentiel moins élevé, vous risquez de vous électrocuter.

Le principe d'action et de réaction est un principe universel inscrit dans toute la nature. L'une des illustrations de ce principe apparaît dans le fait que toute pensée que vous tenez pour véridique s'inscrit dans votre subconscient (siège de la loi) et que votre subconscient manifeste en retour tout ce que vous y avez inscrit de bien, de mal ou de neutre.

Un homme reconquiert l'amour
qu'il croyait perdu

Un homme, un jour, se plaignit auprès de moi de ce qu'il avait découvert, après quinze ans de mariage, que sa femme lui était "infidèle", qu'elle avait un amant. Au cours de la conversation, il précisa que, six mois auparavant, il lui avait rendu visite à son bureau et qu'il avait remarqué que son patron était très beau, très attirant et, de plus, riche. "Je suis sûr qu'elle va avoir une aventure avec lui, me suis-je dit, je ne lui ai fait aucun commentaire, mais cette crainte est devenue une idée fixe." C'est à partir de ce jour-là, apparemment, qu'il connut les tortures de la jalousie et que ce qu'il redoutait le plus devint réalité.

Il n'ignorait pas les lois de l'esprit, ayant lu: *Amazing Laws of Cosmic Mind Power. (Les Lois étonnantes de la Puissance de l'Esprit cosmique)* Nous avons passé au peigne fin son comportement et il a fini par comprendre que toutes ses pensées, ses représentations imaginaires de l'infidélité de sa femme étaient passées de manière toute subconsciente dans le subconscient de cette dernière, laquelle ignorait tout de ce qui se passait dans la tête de son époux. Ce qui s'était passé, c'est que ses craintes secrètes, la certitude qu'elle le tromperait, avaient été captées par les couches profondes de son esprit et, reflétant cette certitude, ses pensées devinrent réalité.

C'était lui, en fait, le responsable: l'intensité de ses pensées, de ses représentations imaginaires avait stimulé et précipité ses difficultés conjugales. Il se rendit compte que les torts étaient de son côté, du fait qu'il avait usé négativement de son esprit avec les conséquences que l'on sait. Il suivit alors mes conseils et alla, humblement, parler à son épouse et lui expliquer quel mauvais usage il avait fait de son esprit. Elle éclata en larmes, lui dit la vérité et rompit avec son patron. Elle se trouva un autre emploi. L'esprit de pardon et l'Amour divin les unirent à nouveau.

Il réussit à se libérer de la peur et de la jalousie en adhérant aux termes objectifs de la prière suivante:

"Ma femme perçoit mes pensées et les produits de mon imagination. La paix demeure au coeur de son être. Elle est guidée par Dieu. Dieu, qui inspire l'action juste, règle son existence. L'harmonie, l'amour, la paix, la bonne entente règnent entre nous. À toute pensée tournée vers elle, je bénirai son nom et dirai: 'Dieu t'aime, Dieu veille sur toi.'"

Il a souvent récité ces mots: il est, aujourd'hui, libre de toute crainte et jalousie, ces filles de la peur. Leur union, de jour en jour, croît dans la félicité. Job disait: *"Toutes mes craintes se réalisent et ce que je redoute m'arrive* (Job 3; 25). L'inverse est également vrai: "Tout ce que mon amour appelle se réalise."

La puissance divine fait un miracle
pour une jeune femme

Ce titre est le fruit d'un échange que j'ai eu avec une jeune étudiante. Elle avait étudié: *Psychic Perception: The Magic of Extrasensory Power* (Les Perceptions du Psychisme: Magie de la Puissance extra sensorielle) et avait appris quelles merveilleuses expériences les gens connaissent, la nuit, dans leurs rêves et dans leurs visions.

Elle m'a dit: "J'ai 21 ans et j'ai décidé de me marier. J'ai eu un dialogue, il y a une semaine, avec mon Moi supérieur; voici ce que j'ai dit:"

"Tu es la Sagesse; Tu es la Connaissance. Fais entrer dans ma vie l'homme que mon coeur appelle et la perfection de l'harmonie. Je bascule maintenant dans les eaux du sommeil."

Voilà sa prière, dans sa simplicité. Et elle vit dans son rêve un homme beau et grand, d'à peu près son âge, avec des livres sous son bras. Elle eut la révélation que c'était l'homme qu'elle épouserait. Elle avait beau n'avoir aucune idée de son identité ni du lieu éventuel de leur rencontre, elle connut aussitôt la paix de l'esprit et cessa dans ses prières d'appeler un compagnon.

Elle se rendit, deux mois plus tard, à un service religieux. Un jeune homme s'assit à côté d'elle: c'était l'homme qu'elle avait vu en rêve deux mois plus tôt. Il portait un livre sous son bras: la Bible. Un mois plus tard, ils étaient mariés.

De tels rêves, où s'annoncent l'époux, l'épouse, ne sont pas rares. Cette jeune étudiante connaissait les lois de l'esprit. Elle savait aussi que les pensées qui précèdent le sommeil se gravent dans le subconscient et que ce dernier détermine l'accomplissement de ces pensées. Il arrive aussi que la conscience et le subconscient s'unissent et créent sur la scène du sommeil l'expérience attendue.

...Lui comble son bien-aimé qui dort.   (Psaumes 127; 2)

Un homme croyait en sa "mauvaise étoile"...

Dernièrement j'étais en Irlande, où j'ai rendu visite à un cousin éloigné de la région de Killarney. Tout le repas se passa en lamentation sur une sorte de "mauvais sort" dont il se croyait la victime; une diseuse de bonne aventure n'avait fait que l'effrayer davantage en lui affirmant qu'elle avait vu dans les cartes des forces mauvaises jouer contre lui. Il paraissait comme envoûté, comme condamné à subir une peine aussi inflexible que l'ordre des cartes dans un paquet déjà battu. Ajoutons que ce cousin est instruit: il est diplômé en agronomie.

Il me confia qu'il avait lu Emerson, lorsqu'il était étudiant, mais, selon toute vraisemblance, il ignorait la définition qu'Emerson a donné du destin:

> *"Il **(l'homme)** croit que son destin lui est étranger, parce que la copule **(le lien, le rapport)** lui est caché. Mais l'âme **(le subconscient)** recèle l'événement qui ne manquera pas de l'accomplir, cet événement n'étant en fait que l'actualisation de vos pensées, et ce que vous demandez dans vos prières est toujours exaucé. L'événement reproduit votre forme. Il vous va comme un gant."*

Je lui ai expliqué qu'il y avait autant de vérité dans les propos d'Emerson que dans les lois de l'agronomie qu'il avait étudiées et que son héritage personnel, ses convictions religieuses, son émotivité, ses pensées et ses sentiments déterminaient toutes les situations, expériences et événements de son existence. Autrement dit, la cause de tout ce qui se produisait dans sa vie n'était pas extérieure à lui-même: elle était inscrite dans sa vie mentale. Il s'ouvrit peu à peu à la vérité suivante: son subconscient ne cessait de reproduire ses pensées et ses croyances habituelles. Il comprit que c'était bel et bien du mouvement de sa propre pensée qu'il avait reçu et accepté les suggestions négatives de la diseuse de bonne aventure et que ses expériences reflétaient ses habitudes de pensées au même titre que la croissance d'une plante obéit aux lois de son espèce.

Il était absolument libre de rejeter les affirmations de la diseuse de bonne aventure; il était en son seul et unique pouvoir de prendre conscience que c'était seulement de l'usage de ses propres pensées qu'il pouvait créer son propre avenir. L'homme est ce qu'il pense... vérité vieille comme le monde.

J'ai insisté sur le point suivant: la diseuse de bonne aventure n'avait aucun "pouvoir" elle n'exerçait aucun contrôle sur son existence; elle n'avait rien fait d'autre que de se mettre en état de passivité, de réceptivité et avait pu, si elle était très sensible, capter les signaux de son subconscient pour lui révéler quel était son état d'esprit du moment. J'ai ajouté qu'il avait le pouvoir de modifier les contenus de son subconscient, qu'il lui suffisait pour cela de spiritualiser sa pensée, de lui faire épouser les vérités éternelles.

...Toutes mes craintes se réalisent...   (Job 3; 25)

C'était lui, en fait, l'auteur de tous ses revers, échecs et déceptions.. Il adopta alors l'attitude mentale opposée. Je rédigeai une prière à réciter soir et matin, tout en lui recommandant de ne pas s'en écarter à l'avenir:

C'est aujourd'hui le jour de Dieu. Je choisis le bonheur, le succès, la prospérité, la paix de l'esprit. Dieu me guide à longueur de journée et tout me réussit. Mon attention s'écarte-t-elle de la pensée du succès, de la paix, de la prospérité ou de mon bien que je la ramène aussitôt à la contemplation de Dieu, de son Amour, sachant qu'Il a souci de moi.

Je suis un aimant spirituel; j'attire à moi la clientèle
de ceux et celles qui désirent ce que j'ai à leur offrir.
De jour en jour, mon service est meilleur. J'atteins le
sommet de la réussite dans tout ce que j'entreprends.
J'apporte la paix et la prospérité à tous ceux qui en-
trent dans mon magasin et aussi dans ma vie. Toutes
ces pensées coulent maintenant dans mon subcons-
cient et me comblent en retour d'abondance, de
sécurité et de paix de l'esprit. C'est merveilleux!

Nouvelle attitude... Accomplissement quotidien de ces vérités... Mon cousin connaît aujourd'hui une vie nouvelle.

"C'est mon 7e divorce...
Qu'est-ce qui ne va pas, docteur?"

Une femme d'âge mûr, à bout de nerfs, complètement désemparée, vint un jour me trouver et me demanda de jeter quelque lumière sur le tour désastreux qu'avaient pris tous ses mariages. Il devint bien vite évident qu'elle avait toujours été l'épouse du même homme, même s'ils portaient tour à tour un nom différent et que le suivant se révélait pire que le précédent.

Je lui ai expliqué qu'on n'obtient pas dans la vie ce qu'on veut, mais ce qu'on pense, et qu'il était essentiel qu'elle inscrive dans son subconscient l'équivalent mental de ce qu'elle voulait avant d'espérer pouvoir l'obtenir.

Ses échecs tenaient du fait qu'elle avait gardé une dent contre son premier mari, qui était un menteur et qui avait disparu un beau jour, en emportant ses bijoux et son argent. Comme elle n'avait pas réussi à se détacher de ce souvenir cuisant, la plaie, la meurtrissure morale s'était infectée dans son subconscient, ce qui expliquait la série d'hommes qu'elle s'était par la suite attirée. Chacun des maris suivants avait alimenté sa rancune et sa colère, émotions négatives que ses pensées avaient amplifiées et inscrites dans son subconscient, et elle avait ainsi attiré dans sa vie la réplique exacte de son état d'esprit dominant. Le subconscient grossit et multiplie toujours les objets sur lesquels nous fixons notre attention, qu'ils soient bons ou mauvais.

Je lui ai ensuite parlé du caractère fondamental de la loi de l'esprit, lui faisant valoir la rigoureuse justice de cette loi, en soi comme dans ses manifestations: de même que toutes les étapes de la croissance du pommier sont inscrites dans la nature de sa semence, la loi de la Vie est telle qu'elle reproduit à chaque phase de la vie, et ceci de manière invariable et inévitable, la copie conforme de sa nature intime. ''Ce qui est à l'extérieur reflète ce qui est à l'intérieur. Il en est de la terre (corps, circonstances, situations, expériences, événements) comme du ciel (l'esprit).''

Je crois avoir réussi à dissiper les ombres de son esprit, l'avoir éclairée sur le fonctionnement de sa pensée et de ses émotions dans son existence. Elle commença à prendre conscience de l'impossibilité où elle se trouvait de penser, sentir et croire une chose et de connaître dans son expérience autre chose que ce qu'elle pensait, craignait ou attendait. L'excellence de la loi de l'esprit tient à ce que toutes vos expériences concordent et coïncident avec vos attitudes et vos croyances intimes.

Voici ce qu'elle dit:

Je me rends compte maintenant que toutes ces rancoeurs, cette hostilité, cette colère contre mes maris et mon incapacité à pardonner expliquent pourquoi j'ai toujours attiré le même type d'homme. Il faut que je change. Je sais que j'ai tort d'accuser mon présent mari comme je le fais; même s'il boit, même si c'est un joueur, je sais bien que si je l'accuse d'être infidèle, de m'espionner, que si je fais toutes ces récriminations, c'est que je projette mon sentiment de culpabilité, d'insécurité, toutes mes peurs...

Ils sont venus me voir ensemble et ont décidé d'un commun accord de donner une "deuxième chance" à leur mariage. Elle avait découvert qu'en demandant le divorce, elle retomberait dans son ornière: procès des hommes, délectation morose, dépression, rage impuissante. Il résolut, quant à lui, de renoncer à l'alcool et au jeu. Ils s'accordèrent pour louer l'un en l'autre la Divinité intime. Le mari comprit que l'homme qui aime une femme n'offense en rien l'amour; l'épouse comprit que derrière tout homme qui réussit, il y a l'appui d'une femme.

Ils ont décidé de prier ensemble, soir et matin, conscients qu'il est impossible, lorsque l'on prie pour quelqu'un, d'éprouver de la rancune, de la mauvaise volonté ou le la haine à son égard. Voici la prière commune qu'ils récitent à tour de rôle, soir et matin:

Nous savons que nous ne pouvons éprouver, au même moment, de l'amour et de la rancune. À chaque pensée dirigée vers l'autre, nous dirons fermement: "L'amour de Dieu comble son âme". Nous rayonnons l'amour, la paix, la joie et la bonne volonté l'un envers l'autre. Dieu nous guide dans tous nos projets, nous exaltons en nous la présence de Dieu. Notre mariage est uni par l'esprit. Nous nous pardonnons l'un à l'autre d'accueillir encore des pensées négatives, des rancunes, de la mauvaise volonté. Nous n'avons qu'à échanger notre pardon, nous le savons, pour être pardonnés, car la Vie, Dieu, jamais ne punit, mais c'est nous qui nous nous punissons. Seul ce qu'inspirent la vérité, l'amour et l'intégrité fait partie de notre vie.

La récitation quotidienne de cette prière transforma leur esprit: ils ont découvert que l'amour dissout tout ce qui lui est étranger. Ils ont découvert que personne ne change personne, sinon soi-même.

La contemplation des vérités éternelles, le rayonnement de votre amour, de votre bonne volonté sur tous façonnera, comme par magie, votre univers entier à l'image exacte de votre contemplation et, pareil à la rose, votre désert refleurira de joie. Il vous suffit, eh oui, de laisser la Puissance infinie faire ses miracles en vous.

EN RÉSUMÉ

1. La loi de votre esprit se situe au-delà des personnes. Cette loi dit que ce que vous créez est le fruit de vos pensées; que ce que vous attirez est le fruit de vos sentiments; que ce que vous devenez est le fruit de votre imagination.

2. Le principe d'action et de réaction est un principe universel inscrit dans toute la nature. Toute pensée est un germe d'action et sa nature dépend de la réaction de votre subconscient.

3. Quand un homme croit, imagine et craint jour après jour que sa femme ne le trompe, ces pensées, ces fantasmes constants se communiquent au subconscient de cette dernière, qui risque ainsi de réaliser les attentes et les craintes de son mari. Ce risque est particulièrement élevé lorsque l'épouse n'est pas au fait des lois de l'esprit et qu'elle n'est pas soutenue par des prières.

4. Il faut, pour bannir la peur et la jalousie de votre vie, vous identifier à la Présence divine qui vit en vous et chez autrui; ils vous faut appeler sur votre prochain toutes les grâces de la vie, car l'hirondelle qui fait le printemps pour lui le fait pour vous aussi. Ses réussites sont les vôtres; sa bonne fortune, la vôtre aussi.

5. La femme, l'homme de votre vie peut vous apparaître en rêve, la nuit. Il est fréquent que le subconscient révèle ainsi l'être désiré et quand cela arrive, vous avez le sentiment que votre prière a été entendue. Vous découvrirez par la suite que votre futur mari, votre future épouse, correspond exactement à l'image de vos rêves.

6. Lorsqu'un homme croit qu'il a les cartes contre lui ou qu'il accepte les prédictions négatives d'une diseuse de bonne aventure, son subconscient réagit conformément à sa croyance. En réalité, il est l'auteur de son propre malheur, de cette fameuse ''mauvaise étoile'', car les postulats de son esprit déterminent son avenir. Il a tout pouvoir de rejeter en bloc toute suggestion négative et de voir en Dieu un associé secret qui le guide, l'épaule et le fait réussir dans toutes ses entreprises. De sa foi dans sa bonne fortune

dépendent les biens qu'il en recevra. Le subconscient ne cesse de reproduire les pensées et les images de l'être humain.

7. Quand une femme éprouve un profond ressentiment, de la colère, des sentiments malveillants à l'égard de son ancien conjoint, cette disposition de son esprit la porte à attirer des hommes perturbés, dont la personnalité ressemble à celle du précédent. "Qui se ressemble s'assemble". Il faut se dégager complètement de son ex-mari tout en appelant sur lui tous les bienfaits de la vie. Si elle suit cette ligne de pensée, elle trouvera l'harmonie avec lui dans son esprit et connaîtra la paix. Là où règne le pardon, il n'y a pas d'amertume. Une fois le pardon donné, elle peut demander à la Puissance et à la Présence infinie de lui attirer un homme qui s'accorde parfaitement avec elle: la loi de son subconscient fournira la réponse.

8. Il faut deux bonnes volontés pour donner sa "deuxième chance" à un mariage et, quand chacun des époux en arrive à la décision de se mettre à glorifier Dieu présent en eux-mêmes, leur mariage se sanctifie d'année en année. Par la contemplation des vérités de Dieu et la pleine conscience de son Amour dans l'autre, le désert de leur vie refleurira de joie.

4

La télépsychique:
le pouvoir de prévoir l'avenir
et d'entendre la voix de l'intuition
est entre vos mains

Bien des gens, dans les milieux boursiers, sont capables de prévoir les fluctuations du marché des valeurs. La raison en est simple: vous recevez toujours dans votre esprit des indices, des intuitions associées au sujet sur lequel porte votre attention. Les réactions de votre subconscient sont toujours fonction de la nature des pensées sur lesquelles vous vous concentrez.

Un jeune homme d'affaires se fait
une petite fortune grâce à la télépsychique

J'ai bavardé dernièrement avec un pharmacien, qui m'a dit qu'il avait fait, il y a quelques années, une étude des cours atteints par les actions des compagnies minières spécialisés dans l'extraction des minerais aurifères en Afrique, au Mexique, aux États-Unis et au Canada. Il porta son attention sur cinq compagnies dont les actions, à l'époque, étaient à leur cours le plus bas. La méthode télépsychique qu'il adopta (pour communiquer avec l'intelligence infinie présente dans son subconscient) fut la suivante:

Soir après soir, avant de plonger dans le sommeil, il s'adressait ainsi à son moi profond:

Révèle-moi le meilleur placement dans les aurifères et je saisirai clairement et distinctement les réponses. Les réponses atteindront ma raison, le niveau conscient de mon esprit et il me sera impossible de les rater.

Il appliqua cette technique de façon régulière, tout en se documentant sur la situation financière et les perspectives d'avenir des compagnies sélectionnées. Un homme lui apparut une nuit en rêve et lui désigna avec une baguette le nom de ces cinq compagnies sur un tableau qui indiquait en graphique le cours actuel des actions et les cours plafond qu'elles atteidraient dans l'avenir. Il acquit ces valeurs sans délai, à son réveil; elles atteignirent les sommets qu'il avait vus en rêve. Il revendit alors les actions, dont il tira une petite fortune qu'il n'aurait jamais pu amasser dans l'exercice de son métier de pharmacien.

Depuis lors, il a racheté un grand nombre de ces valeurs à un cours inférieur et a considérablement arrondi son bien. L'homme qui lui était apparu en rêve avait été l'effet d'une mise en scène de son subconscient, qui lui avait, ainsi, révélé sans ambiguité la réponse à sa question.

La télépsychique donne à une secrétaire la solution de son problème

J'ai été consulté, il y a quelques mois, par une jeune femme qui venait de perdre son père. Elle était fille unique et avait dans son jeune âge perdu sa mère. À l'âge de huit ans, son père l'emmena à Hawaï pour visiter toutes les îles environnantes. Il lui dit qu'il avait acheté trois terrains et qu'elle en hériterait un jour, car ils les avait achetés pour elle. Elle ne put, cependant, trouver aucune trace de l'acte de vente ou de tout autre document parmi ses papiers; elle ne savait même pas de quelle île il lui avait parlé à l'époque, car il n'était jamais revenu sur ce sujet.

Je lui ai conseillé de se détendre la nuit, de faire le silence dans son esprit et d'imaginer qu'elle parlait avec l'Esprit infini qui demeure en elle. Je l'ai vivement encouragée à dialoguer avec cette Présence, lui expliquant que cette manière d'agir s'appelle la télépsychique et qu'elle recevrait une réponse précise, à la condition qu'elle soit sincère, qu'elle reconnaisse et accepte la réponse.

Suivant mes conseils, elle s'engagea dans une conversation imaginaire avec son Moi profond:

> *L'acte de propriété de mon père se trouve quelque part et je sais que toi, mon Moi profond, tu as la réponse, et je l'accepte sur le champ. Je te remercie de me donner la réponse, qu'il en soit ainsi.*

Elle se laissa glisser dans le sommeil tout en répétant sans cesse ce seul mot: réponse.

La dernière pensée qui occupe votre esprit avant de vous endormir se grave dans votre subconscient. Si cette pensée vibre suffisamment de foi et de confiance, votre subconscient décidera de la manière dont il vous donnera la réponse, étant seul à la connaître.

Elle répéta l'opération pendant une quinzaine de jours quand, finalement, m'annonça-t-elle, son père lui apparut et lui dit en souriant:

> *Je vais éclaircir le mystère. Les actes de vente et de propriété se trouvent dans la Bible de notre famille, celle que grand-mère lisait. Ouvre-la à la page 150, tu les trouveras dans une petite enveloppe. Je dois partir maintenant, mais je reviendrai te voir. C'est papa, ce n'est pas un rêve.*

Elle se réveilla, quelque peu troublée, descendit en hâte l'escalier et ouvrit la Bible. Les documents s'y trouvaient: récépissés d'impôt, actes de vente et de propriété. Ainsi son rêve lui épargna-t-il bien du temps et des frais.

Personne ne sait quelle méthode votre subconscient adoptera pour fournir une réponse à vos prières. L'un des attributs de celui-ci est la clairvoyance; c'est grâce à cette clairvoyance que la secrétaire put découvrir la cachette des documents. Son subconscient en modela l'image dans son rêve, l'image de son père lui révélant la réponse, à la manière d'un auteur dramatique qui formule les pensées de ses personnages.

C'était "l'esprit" de son père, direz-vous; nombre de gens croiront à cette idée, comme cette jeune femme qui, implicitement, croyait que c'était son père. Nous ne devons pas oublier que la télépathie est un phénomène banal pour les gens qui s'aiment: pères, mères, filles, fils, parentée, amis, etc., et qui vivent tous intensément sur le plan de leur relation. La mort n'existe pas et tous les êtres aimés nous entourent; seule une différence de fréquence nous en sépare. Ils ont conservé, comme chacun de nous, leur esprit particulier et disposent d'un corps, mais atténué, subtil et donc capable de traverser une porte fermée et de voyager dans l'espace et le temps.

Nier que votre mère ou votre père puisse vous adresser un message par voie télépathique de la quatrième dimension reviendrait à dire que votre père est incapable de communiquer avec vous par télépathie de Boston, par exemple, de vous téléphoner ou de vous envoyer un télégramme. Nous baignons tous dans un seul esprit universel, commun à tous, et chaque être humain y remplit la fonction d'émetteur-récepteur.

Notre esprit individuel et l'Esprit, notre commune réalité, sont immortels, car Dieu est Vie (Esprit), qui s'exprime par notre vie particulière ici-bas. Dieu est Esprit et la toute-puissance de l'Esprit vivant siège, agit, parle en nous. Les mystiques de l'hindouisme ont ainsi formulé cette vérité il y a des milliers d'années:

Tu (l'Esprit) n'es jamais né; Tu (l'Esprit) ne mourras jamais; l'eau ne Te mouille pas; le feu ne Te brûle pas; l'épée ne Te transperce pas; le vent ne T'emporte pas.

Une question
qui m'est fréquemment posée

"Est-ce que les esprits (les êtres chers vivant dans l'autre dimension et dont le corps est dans la quatrième dimension) communiquent avec nous?"

À cela, je réponds qu'il s'agit toujours d'esprits incarnés, qu'ils soient à trois dimensions ou dans la quatrième. Le docteur Rhine et bien d'autres savants ont prouvé expérimentalement, hors de tout doute possible, que la communication par télépathie existe entre les esprits incarnés ici-bas, vous et vos amis, vous et les êtres que vous chérissez. Les êtres chers qui occupent l'autre dimension sont des êtres incarnés également et ne sont pas moins vivants que vous.

La télépsychique et les voyages extra-sensoriels

Bien des gens, que ce soit consciemment ou inconsciemment, quittent leur corps physique et découvrent qu'ils possèdent un autre corps, que l'on appelle parfois le corps subtil, le corps astral, le corps de la quatrième dimension, etc. C'est un corps dont les molécules vibrent à une plus haute fréquence, à la manière d'un ventilateur dont les pales tournent à une telle vitesse qu'elles deviennent invisibles.

Rares sont ceux, dans les cercles scientifiques et universitaires, qui ignorent que l'être humain représente bien plus que son corps. Il a été prouvé que l'être humain est capable de voir, d'entendre et de faire des voyages extra-sensoriels hors de toute participation de son corps physique. Le docteur Hornell Hart, l'un des assistants du docteur Rhine à l'université Duke, entreprit de son vivant de nombreuses recherches sur les rapports de l'être humain et de son corps, et encouragea les chercheurs à poursuivre leurs expériences et leurs recherches.

Vous trouverez dans *La Puissance infinie peut vous enrichir* et *Les Perceptions du Psychisme: Magie de la Puissance extra-sensorielle* le compte rendu d'expériences uniques et fascinantes vécues dans leur vie quotidienne par des hommes et des femmes qui ont projeté leur corps à des milliers de kilomètres pour témoigner à leur retour de ce qu'elles avaient vu.

La télépsychique: un bookmaker gagne 100 000$ en une seule journée

Je me suis adressé, il y a quelques mois, aux membres de l'Église de la Science religieuse, à Las Vegas, au Nevada, à la demande du pasteur, le docteur David Howe. L'un des membres de l'assistance vint me consulter à mon hôtel sur un problème conjugal.

Au cours de la conversation, il m'apprit qu'il était bookmaker et que l'argent qu'il brassait sur les courses de chevaux, à l'échelle du pays, s'élevait à des sommes importantes. Il se protégeait contre de trop grosses pertes en recourrant de manière systématique à son subconscient: quand il encaisse trop de paris sur un ou deux chevaux, il essaie d'en distribuer une partie sur d'autres bookmakers; de plus, il étudie les pronostics tous les soirs et limite ses recherches à deux chevaux, ses favoris; il s'adresse alors à son subconscient en ces termes: "C'est à toi que j'adresse cette demande. Dis-moi quels seront les gagnants de la première ou de la troisième course (ou de toute autre course qu'il a choisie)"; et il répète en s'endormant: "les gagnants, les gagnants, les gagnants."

Au cours du sommeil, le conscient s'associe de manière créatrice au subconscient; ce dernier reçoit les pensées qui précèdent le sommeil et se mobilise pour fournir, à sa manière, une réponse. Il est fréquent que ce monsieur voie la course et le gagnant, tandis qu'il est profondément endormi dans son lit. Il arrive aussi qu'il voie la course en rêve mais qu'il oublie le nom du gagnant à son réveil. Il vit, une nuit, "Look-Me-Over" gagner la course à 27 contre 1. Il paria 4 000$ sur lui et gagna environ 100 000$.

Notons que ce rêve était prémonitoire: ce monsieur vit le résultat 24 h avant la course, mais ce rêve était étroitement lié à son métier de bookmaker. Votre subconscient ne s'arrête pas aux personnes, il est impersonnel; il peut inspirer le banquier sur des questions d'argent le médecin sur les soins à donner, le chimiste sur ses formules chimiques, l'agent de change sur les placements à faire, et l'inventeur appliqué à son invention peut en recevoir la description complète en rêve. Votre subconscient vous fournit les indices, les idées, les réponses, les impressions de caractère intuitif qui correspondent à la nature de votre attention et de vos intérêts, s'ils sont soutenus et intenses.

Comment faire pour se rappeler un rêve intéressant?

J'ai expliqué à ce bookmaker comment il devait s'y prendre pour se rappeler le nom du cheval gagnant, lorsqu'il lui arrive de l'oublier au réveil: tous les matins, à son réveil, il devrait se dire avant toutes choses: "Je me souviens" et le rêve complet lui reviendra à l'esprit. Ses essais ont été couronné de succès.

Luther Burbank et la télépsychique

Tout le monde connaît le nom de Luther Burbank. Il avait l'habitude, a-t-il déclaré un jour, d'envoyer à sa soeur un message par télépathie, chaque fois qu'il désirait qu'elle l'accompagne chez leur mère à l'époque où cette dernière était en convalescence. Il n'eut jamais à employer le téléphone ou les services du télégraphe.

Le docteur Quimby et ses apparitions

Le docteur Quimby, sans conteste le guérisseur mystique le plus célèbre en Amérique, a tenu, selon les témoignages, les propos suivants: "Je sais que je peux me condenser et aussi apparaître à distance" Son corps astral, ou corps de la quatrième dimension avait autant de réalité que son corps physique et les apparitions qu'il fit à des malades vivant à plus de 100 kilomètres de chez lui commencèrent vers 1845, 1846.

Quimby donna la preuve que l'être humain est de nature transcendante et qu'il n'est lié ni par le temps, ni par l'espace, ni par la matière. En voici une illustration tirée de la vie extraordinaire de ce grand guérisseur.

Il écrivit un jour une lettre à une dame qui vivait très loin de sa résidence de Belfast, dans le Maine; il lui indiquait qu'il lui rendrait visite à une date spécifiée sans, toutefois, lui en révéler l'heure exacte. À la suite d'une négligence, la lettre ne fut jamais envoyée. Pourtant, alors que cette personne recevait une amie à dîner, son invitée lui dit: "Il y a un homme debout derrière vous" et elle lui fit une description complète. La maîtresse de maison répondit: "Oh, c'est le docteur Quimby; c'est mon médecin traitant." Le docteur Quimby était là avec elle, mentalement et spirituellement présent, dans son corps subtil, corps de la quatrième dimension, ce corps que voyait l'invitée.

Matériellement, Quimby était chez lui à Belfast, occupé à se concentrer sur sa patiente tout en contemplant l'idéal divin, la force curative, purificatrice, de la Présence infinie et bienveillante qui se répandait dans sa patiente; il avait, de plus, décidé de se projeter à côté sûrement avec l'intention de renforcer la confiance de sa patiente et de renforcer sa réceptivité.

La télépsychique ou comment un jeune homme a gagné une bourse et une nouvelle voiture

Robert Wright, qui a 19 ans, m'aide tous les samedis matins à enregistrer mes émissions radiophoniques chez moi, dans ma salle d'enregistrement. Il pratique depuis un certain temps la loi de son esprit en articulant lentement les mots suivants, avant d'aller se coucher.:

> *L'intelligence infinie présente en mon subconscient me guide dans toutes mes études à l'université et me révèle toutes les réponses. Toujours maître de moi, calme et serein, je réussis à tous mes examens conformément à l'ordre divin. Je suis reconnaissant de ce que ma prière va recevoir sa réponse. Je sais qu'il est de la nature de mon esprit profond de répondre à mes requêtes et je sais aussi que ces pensées, répétées avec confiance, se graveront dans mon subconscient et recevront leur fruit.*

La suite est intéressante. Il a eu une vision prémonitoire dans son sommeil, une semaine avant un examen, où toutes les questions lui ont été communiquées. Il a reçu, bien entendu, d'excellentes notes et a décroché une bourse importante, qui l'aidera à poursuivre ses études. Tandis qu'il se rendait dans sa voiture à l'université, il a eu une panne et on lui a donné une familiale toute neuve.

Au moment de la panne, il a dit avec assurance: "Il ne peut en sortir que du bien" et, certes, il n'en est sorti que du bien. Pour mener une vie pleine et heureuse, il suffit de connaître la joie issue de la bonté de Dieu pour les êtres humains.

EN RÉSUMÉ

1. Votre subconscient alimentera toujours votre intuition dans les domaines où vous concentrez votre attention. Si, par exemple, vous appliquez votre attention à l'étude de valeurs boursières, il est fort possible que vous receviez un indice, un pressentiment, une impression, l'idée d'acheter une certaine valeur ou que vous voyiez en rêve, comme une personne l'a fait, le nom de la compagnie et le maximum qu'atteindront ses actions dans l'avenir. Votre subconscient met en scène la réponse d'une façon qui vous est inconnue; aussi devez-vous avoir l'esprit en alerte, rester sur le qui vive, en quelque sorte, pour tirer pleinement profit de la réponse.

2. Si vous avez égaré ou perdu quelque chose, adressez-vous à votre subconscient, affirmez que l'Intelligence suprême qui l'habite connaît la réponse et va vous la fournir. Faites confiance à votre esprit profond: il sait tout, il voit tout. C'est le cas, par exemple, de la jeune fille dont le père, lors d'une apparition la nuit, lui avait dit de regarder à une certaine page de la Bible de la maison: elle y trouva tous les papiers dont elle avait besoin pour faire valoir ses droits sur sa propriété. Les voies de votre subconscient sont impénétrables.

3. Votre subconscient possède le don de seconde vue, d'audition interne, et d'autres dons paranormaux. Ces dons sont inséparables de la sagesse et de la puissance infinies. L'Être infini demeure avec toutes ses puissances dans votre subconscient: il a le pouvoir de capter la sagesse à distance, de capter les pensées d'autrui, de transpercer les coffres-forts pour en voir le contenu. Tournez-vous vers Lui avec foi et confiance dans la réponse qu'Il ne manquera pas de vous fournir: aussi sûr que le soleil se lève, votre désir renaîtra.

4. Vous êtes intelligence et Esprit; vous êtes immortel. Dieu est Esprit, et cet Esprit est le Principe de la Vie en vous: votre Réalité. L'Esprit existe de toute éternité et ne mourra jamais. Votre voyage vous emmène vers l'avant, vers les hauteurs, vers Dieu. Cette merveille qu'est l'homme est immortelle. L'éternité ne suffirait pas à épuiser les merveilles et la splendeur de l'Infini.

5. Les êtres chers vivant sur le plan terrestre sont en communication télépathique entre eux; il est absurde d'imaginer que ces mêmes êtres, une fois partis pour l'autre dimension de la vie, qui nous entoure et qui traverse notre plan d'existence, ne puissent pas communiquer avec nous. Ils conservent leur esprit particulier et participent de l'Esprit comme vous. L'Esprit est unique, il ne connaît pas les différences. J'ai la ferme conviction qu'il existe nombre de situations où vous recevez des messages précis émis par les êtres chers qui vivent dans l'autre dimension. La mort n'existe pas, aussi est-il absurde de parler de messages émis par les morts. Tout être né reste vivant à jamais

et, dans un million ou un milliard d'années, vous serez vous aussi vivant et vous manifesterez avec de plus en plus d'éclat les qualités, les attributs et les merveilles de l'Infini.

6. Rares sont ceux qui ignorent, dans les cercles scientifiques et universitaires, que l'être humain a la capacité de penser, voir, entendre, sentir et voyager indépendamment de son corps physique. Le voyage astral, qu'on appelle aussi le voyage extra-sensoriel, est connu depuis la nuit des temps. De nombreuses personnes ont vécu inconsciemment cette expérience qui consiste à sortir de son corps; d'autres ont délibérément fait des voyages dans l'astral en concentrant leur esprit sur une visite à rendre à un ami ou à un parent souffrant et se sont trouvés à leur chevet avec toutes leurs capacités visuelles, auditives et tactiles. Ce ne sont pas des fantômes ni des apparitions; ils ont tout simplement revêtu un corps subtil, atténué, capable de passer à travers une porte et de voyager dans l'espace et le temps. Vous êtes un être mental et spirituel, ne l'oubliez pas. Un jour viendra où vous ferez usage de ces facultés, qui sont absolument indépendantes de votre corps actuel à trois dimensions.

7. Un bookmaker qui se concentre et fixe son attention sur les partants d'une course hippique, en demandant à son subconscient le nom des gagnants, place sa foi, sa confiance, son attente en ce dernier, conscient des pouvoirs qu'il recèle, et ne manque jamais d'en recevoir une réponse. Bien des gens, en Angleterre, ont prévu quels seraient les gagnants du Derby année après année et se sont fait ainsi de petites fortunes. J'ai connu dans le passé un certain docteur Green, dont le passe-temps était les courses de chevaux et qui

s'est fait 250 000 livres sterling grâce à ses visions prémonitoires qui lui ont découvert le résultat de la course six ans d'affilée.

8. Si vous avez l'habitude de dire: "Je ne fais pas de rêves" ou: "Je n'arrive pas à me rappeler mes rêves", dites-vous à votre réveil, calmement: "Je me souviens" et votre rêve émergera à la surface de votre conscience.

9. Luther Burbank ne prenait pas la peine de téléphoner ni d'envoyer un télégramme à sa soeur quand il souhaitait qu'elle l'accompagne pour voir leur mère malade; il lui adressait plutôt un message par voie télépathique, qu'elle ne manquait jamais de recevoir.

10. Le docteur Quimby, de Belfast, dans le Maine, a déclaré en 1847: "Je sais que je peux me condenser et aussi apparaître à distance", ce qu'il fit pour plusieurs de ses patients: il revêtit son corps astral de la quatrième dimension, ce corps que nous possédons tous à la minute même, pour leur administrer ses soins. Quimby prouva ainsi notre transcendance, le fait que nous ne sommes pas soumis au temps, à l'espace ni à la matière.

11. Un jeune étudiant recourt systématiquement à l'intelligence infinie de son subconscient pour qu'elle le guide dans ses études et lui révèle toutes les réponses. Il arrive souvent que son subconscient réalisse avant ses examens et projette toutes les questions sur son écran mental. À son réveil, il cherche les réponses; ces questions ne manquent jamais d'être posées à l'examen, qui peut avoir lieu une ou deux semaines plus tard. C'est ce que l'on appelle la prémonition:

l'aptitude à prévoir un événement. Les questions se trouvent déjà dans son esprit, il n'a qu'à se mettre sur leur longueur d'onde et à les capter. La sagesse du subconscient détermine le professeur à poser les mêmes questions, et le professeur croit que c'est son esprit conscient qui a pris la décision et a choisi les questions. Ainsi, bien des professeurs ne connaissent pas la cause de leurs actions et les étudiants semblent souvent, du point de vue mental et spirituel, plus intelligents que leurs professeurs.

5

La télépsychique:
ses rêves et ses visions
vous donnent la réponse

Lors d'une consultation, il y a de cela quelques semaines, un monsieur m'a posé la question suivante: "Qu'est-ce que ça veut dire, rêver? Qu'est-ce qui fait que je rêve?". Voilà une bonne question, mais il n'est pas facile d'y répondre en deux mots. Les rêves étant de nature universelle, ils ont été étudiés et interprétés dans les livres sacrés des diverses races et nations du monde.

Les rêves représentent sur la scène mentale le subconscient humain et sont, de ce fait, extrêmement personnels. Nous rêvons tous, hommes et femmes, sans oublier les animaux. Le tiers de votre temps environ est consacré au sommeil, ne l'oubliez pas, dont une bonne partie se passe à rêver. De nombreux laboratoires se consacrent à l'étude du sommeil et des rêves et leurs découvertes sont souvent surprenantes.

Le pouvoir de l'hypnose

J'ai assisté, il y a bien des années, à New York, à une séance d'hypnose menée par un psychologue berlinois, chez lui, sur des étudiants. Il leur fit plusieurs suggestions: le premier rêverait à un mariage, à un service religieux et à une lune de miel; le second rêverait à l'Inde et à ses temples sacrés; le troisième rêverait qu'il est millionnaire, etc. Il ajouta qu'ils se rappelleraient leurs rêves, sans, pour autant, pouvoir se rappeler consciemment ce qui leur avait été suggéré.

Au bout de dix minutes, ils les réveilla. Aucun n'eut de peine à se rappeler de son rêve. Tous les rêves correspondaient étroitement à la nature de la suggestion. La raison en est que le subconscient est sensible à la suggestion et, ne procédant que par déductions, réagit à la nature de la suggestion.

Il est certain que nombre de vos rêves sont dus à ce que vous pensez habituellement pendant la journée et à votre réaction aux événements de la journée, qui s'inscrivent tous dans votre subconscient. Votre subconscient travaille, active et magnifie ce que vous y déposez.

Nous connaissons tous le nom de Sigmund Freud, qui écrivit *"L'interprétation des Rêves"* en 1899, de Carl Jung et d'Alfred Adler, qui ont tous abondamment écrit sur le subconscient et la vie onirique de leurs patients. Chacun de ces auteurs donne une interprétation différente des rêves, des pulsions et des besoins humains; diverses écoles de psychologie en sont issues, la psychanalyse (Freud), la psychologie analytique (Jung) et la psychologie individuelle (Adler). L'interprétation qu'ils donnent des rêves et leur définition du subconscient sont assez contradictoires; le propos du présent ouvrage n'est pas de s'y attarder. La présentation ici de certains rêves vous permettra cependant de comprendre que bien des difficultés personnelles que vous connaissez trouvent souvent leur clé dans les réponses précises que leur apportent vos rêves.

Une institutrice trouve sa voie en rêve

Lors d'une consultation, une jeune institutrice me confia combien l'enseignement éveillait en elle de l'angoisse et de l'insatisfaction, qu'elle n'avait jamais aimé cette profession et que c'était ses parents qui l'avaient plus ou moins forcée à y entrer.

Je lui ai exposé que son subconscient n'ignorait rien de ses talents cachés et qu'elle en recevrait une réponse si elle puisait à la source d'intelligence infinie de son esprit profond.

Elle appliqua, à mon conseil, la technique suivante qui consistait à dire avant d'aller se coucher:

> *L'Intelligence infinie me révèle ma juste place dans l'existence, la place où je peux le mieux m'exprimer, et j'en tire un très beau revenu, conforme aux exigences de l'honnêteté et de l'intégrité. Je suis prête à accepter la réponse et je m'endors en paix.*

Elle eut, dès la première nuit qui suivit sa méditation, un rêve très riche. Elle se trouvait dans un très grand immeuble; un homme lui indiqua du doigt d'aller ouvrir une certaine porte; elle l'ouvrit, regarda les murs de la salle où étaient accrochés de très belles peintures; elle les regarda et fut aussitôt captée, fascinée, comme saisie. Elle se dit, en rêve: "C'est exactement ça": elle avait, autrement dit, trouvé sa vraie place dans la vie.

Elle m'appela pour m'annoncer qu'elle se lançait dans l'étude de la peinture avec l'intention d'abandonner dans l'avenir l'enseignement, ce qu'elle fit bientôt. Sa passion pour la peinture fut presque instantanée, elle découvrit ses talents cachés et connaît maintenant une réussite exceptionnelle. J'ai acquis dernièrement l'une de ses toiles pour 200$. La première exposition, qu'elle a tenu pour un groupe d'amis et d'anciens collègues, lui a rapporté 2 500$. Elle aime citer ce verset de la Bible.

...J'ai ouvert devant toi une porte que nul ne peut fermer.
(Apocalypse 3; 8)

Rien ne s'oppose à ce que le rêve que vous bercez dans votre coeur s'épanouisse, si ce ne sont les empêchements, les difficultés, les délais et les oppositions de votre conscient. Rien ne peut s'opposer à l'omnipotence et à la sagesse de votre esprit profond.

L'un des tableaux de cette jeune artiste fascina l'un de ses anciens professeurs. Ils se sont mariés depuis. Il a été envoyé en mission spéciale en Australie, où ils continuent à épanouir leurs talents cachés et où ils sont très heureux. Le subconscient de la jeune fille magnifia ses ressources à l'extrême.

La télépsychique vient à son aide

Une de mes auditrices m'a appelé dernièrement pour me dire que son père était décédé une semaine auparavant. Elle savait que son père avait l'habitude de conserver de grosses sommes d'argent chez lui; il prenait, en effet, l'avion deux week-ends par mois pour aller jouer à la roulette à Las Vegas. Elle me dit qu'il avait une chance exceptionnelle à ce jeu. Il lui avait confié qu'il ne jouait qu'inspiré par l'intuition et que, lorsque cette dernière se taisait, il s'arrêtait aussitôt de jouer.

Sa fin fut plutôt inattendue: il s'éteignit dans son sommeil. Elle avait cherché sans succès l'argent qu'elle savait caché dans la maison.

Je lui ai dit de parler à son subconscient, qu'elle recevrait, sans aucun doute, une réponse. Je lui ai expliqué qu'il lui suffirait de mettre son esprit en repos et qu'une fois bien détendue, en position de repos, la sagesse de son subconscient atteindrait la surface de son esprit et lui révélerait la réponse.

Elle lut et relut le psaume 23 pendant une dizaine de minutes, ferma alors les yeux, se détendit complètement et, calmement, se pénétra de la pensée que la sagesse de son subconscient lui révélerait la cachette où se trouvait l'argent et qu'elle saurait reconnaître la réponse, lorsqu'elle se présenterait. Elle s'endormit dans son fauteuil. Elle dit tout à coup: ''Papa est venu'': il était apparu près du fauteuil et souriait. Il avait l'air si réel, si vrai, qu'elle eut du mal à croire que ce fût lui. Il lui dit: ''Élizabeth, l'argent se trouve dans une boîte métallique derrière une boîte à outils à la cave et la clé se trouve dans le tiroir où je place mon courrier.''

Elle se réveilla aussitôt et, ravie, découvrit à sa grande surprise 13 000$ en coupures de 100$ et 50$. Sa joie était double. Elle était certes ravie d'avoir trouvé cet argent, dont elle avait un besoin pressant. Mais le plus important, c'était qu'elle savait maintenant de science certaine, hors de tout doute possible, que son père continuait à veiller sur elle.

Nul ne peut nier que nous soyons immortels. Ainsi parlent les Saintes Écritures:

...la vie éternelle, c'est qu'ils te connaissent, toi, le seul véritable Dieu,... (Jean 17; 3)

La télépsychique vous répond

L'un des meilleurs moments de la journée pour se mettre en contact avec la sagesse de votre subconscient, pour en recevoir l'inspiration, des idées et des réponses est l'instant qui précède le sommeil.

Ceci parce que, de manière générale, vous êtes plus détendu, plus à votre aise, plus prêt de la quiétude et du sommeil profond. Apaisez votre esprit en répétant quelques versets du psaume 23 et laissez-vous couler dans le sommeil.

Supposons que vous soyez directeur commercial et que vous vous proposiez de parler le lendemain matin à votre équipe de vendeurs; vous pourriez dire:

Je sais que l'Intelligence infinie de mon subconscient guidera et orientera mes propos de demain et me révélera les mots qui sauront inspirer et enthousiasmer tous ces hommes. Tout ce que je dirai correspondra à la situation, sera béni et portera fruit.

Récitez ces mots en silence ou à voix basse, comme il vous plaira. Récitez-les avec foi, avec confiance, votre subconscient répondra. Cette méthode ne connaît pas l'échec.

Au début, si vous savez une semaine à l'avance que vous devez vous adresser à un groupe, priez chaque soir en y pensant et vous découvrirez que même si vous avez un plan général de ce que vous allez dire, les idées atteindront spontanément votre conscient tandis que vous parlerez et les mots correspondront exactement à l'occasion.

Dois-je accepter ce poste?

Si vous vous posez cette question, ne laissez pas votre conscient vous dicter la réponse. Considérez évidemment les avantages et les inconvénients de la situation proposée. Cela fait, et si vous n'êtes pas tout à fait décidé encore, tournez-vous vers votre subconscient et adressez-vous à lui en ces termes:

Je sais que mon subconscient est inspiré par la sagesse. Il veut mon bien. Il me donne la réponse au sujet de ce poste. Je suis l'indice qu'il me donne.

Puis, laissez-vous glisser dans le sommeil en répétant le mot: réponse.

Sachant que vous pouvez agir sur votre subconscient, pénétrez-vous, en le disant, de l'intense conviction que cette réponse, vous la recevrez, et qu'elle vous sera bénéfique. Peut-être vous viendra-t-elle un matin au réveil ou encore au cours d'un rêve très riche où vous aurez le sentiment profond que c'est la réponse qu'il vous faut.

Cette technique, vous pouvez apprendre à l'appliquer avec un égal succès même en plein jour. Apaisez votre esprit et, dans la solitude, fermez les yeux, faites le vide dans votre conscient en songeant à la sagesse sans bornes et au pouvoir infini de votre esprit profond qui sait tout et voit tout. Pendant quelques minutes et d'une façon calme et réceptive, ne pensez à rien d'autre qu'à la question que vous posez.

Si la réponse ne surgit pas immédiatement des profondeurs de votre esprit, n'insistez pas et continuez à vaquer à vos occupations. Laissez votre requête mûrir dans les couches reculées de votre subconscient et, au moment où vous vous y attendrez le moins, la réponse jaillira de votre conscient comme un diable de sa boîte.

Le rêve contient sa propre interprétation

Vos rêves vous appartiennent en propre et les symboles que vous percevez prendraient pour une autre personne, une signification tout à fait autre: votre subconscient s'adresse à vous par le biais de symboles. Un mystique hébreu de l'antiquité disait que, la nuit, la femme (le subconscient) réplique à son mari (le conscient) et lui dit, parfois de manière non déguisée, qu'il l'empoisonne avec des pensées négatives, des frayeurs et des émotions destructrices.

Elle reçoit une mise en garde de la télépsychique et renonce à ses projets de mariage

Une jeune femme sur le point de se marier vint me consulter et me dit que, sans trop savoir pourquoi, elle se sentait profondément inquiète et déprimée. Elle désirait rompre ses fiançailles mais ne voulait pas blesser le jeune homme.

Le meilleur moment pour prévenir un divorce se situe certes avant le mariage. Durant la conversation, elle déclara que pendant dix nuits consécutives, elle avait fait le rêve suivant: un homme avec une longue barbe lui apparait et lui désigne du doigt l'Étoile de David, cette étoile à six pointes devenue le symbole du Judaïsme.

Je lui demandai ce que signifiait ce rêve pour elle, puisque le Talmud dit: ''Chaque rêve possède sa propre interprétation.'' Elle me répondit qu'elle n'allait plus à la synagogue: autrefois elle lisait et méditait les psaumes de David mais son fiancé, athée, se moquait de toutes les croyances religieuses.

Je lui expliquai que, l'instinct de conservation étant la loi du subconscient, celui-ci tentait, sans aucun doute, de la protéger en mettant en scène symboliquement l'Étoile de David. J'ajoutai que sa propre intuition lui révélerait le bien-fondé de cette interprétation car ce symbole devait faire tressaillir son coeur.

Elle rompit ses fiancailles et, de ce jour, elle ne fit plus jamais ce rêve. Elle éprouva un profond sentiment de paix, reprit le chemin de la synagogue et se remit aux méditations et aux interprétations des psaumes de David: elle pria pour que l'Intelligence infinie attire vers elle un homme qui serait son âme-soeur et qui ferait montre d'un réel respect pour la divine présence en chacun de nous. Elle a épousé, depuis, un jeune homme qui étudie pour devenir rabbin et elle est très heureuse. Son rêve récurrent lui sembla un avertissement, ce qu'il était sans doute. Comme le dit la Bible:

> *Après quoi, avertis en songe de ne point retourner chez Hérode, ils prirent une autre route pour rentrer dans leur pays.* (Matthieu 2;12)

Grâce à la télépsychique,
un homme règle un douloureux problème

Un homme de New York prit l'avion jusqu'à Beverly Hills pour une entrevue. Il me raconta qu'il était marié depuis 6 ans à une femme de Los Angeles qui avait déjà mentionné, en passant, qu'elle écoutait mes conférences sur les lois mentales et spirituelles. Un an auparavant, elle avait disparu, sans explications ni lettre d'adieu et il se demandait si elle ne faisait pas partie de mon équipe de collaborateurs. Pourtant, cette femme était une parfaite inconnue pour moi et son nom ne figurait pas non plus sur notre liste d'envois.

Le mari avait détourné des fonds que sa femme lui avait confiés — il s'agissait d'une somme de 60 000$ — il se sentait coupable et voulait faire amende honorable. Il avait, depuis, hérité de sa mère et se trouvait maintenant en mesure de rendre cet argent. Il croyait que cette question d'argent pouvait être la raison du départ de sa femme. Des détectives privés n'avaient pas réussi à retrouver sa trace et sa propre famille ne savait rien de ses allées et venues.

"J'ignore pourquoi je me suis adressé à vous, me dit-il, mais j'ai le pressentiment qu'elle vous rendra visite. Je vous laisse 10 000$ à son intention; si vous la voyez, veuillez les lui remettre de ma part en lui demandant de communiquer avec moi: je l'aime et je voudrais la voir revenir. N'oubliez pas de lui parler de mon héritage, ajouta-t-il." Je promis de le tenir au courant et de le prévenir si sa femme entrait en rapport avec moi.

Deux mois s'écoulèrent sans que rien ne se passe. Puis, un jour, une femme téléphona de San Francisco à ma secrétaire: il s'agissait d'une question urgente et extrêmement importante disait-elle et elle prenait l'avion pour Beverly Hills, le matin même. Je la reçus dans la soirée et voici l'émouvante histoire de l'esprit qu'elle me raconta. Par quelques jours auparavant, elle m'avait vu en rêve: je lui disais que j'avais une somme d'argent pour elle et que tout l'argent détourné par son mari lui serait rendu dès son retour chez-elle à New York. Le rêve avait toute l'intensité, la réalité d'une vision: une lumière inondait la pièce et elle se sentait proche de l'extase.

Dans son rêve, elle me demandait de lui lire la Bible et elle entendait ma voix réciter:

Par des songes, par des visions nocturnes, quand une torpeur s'abat sur les humains et qu'ils sont endormis sur leur couche, alors il parle à leurs oreilles et les épouvante par des apparitions. (Job 33: 15; 16)

Cette femme ne me rappelait rien et je ne me souvenais pas l'avoir jamais rencontrée. Un soir, cependant, j'avais adressé une requête à mon subconscient: "L'Intelligence infinie sait où se trouve Madame X et me révèle ses allées et venues. Elle me contacte, selon l'ordre divin: c'est un geste de Dieu."

Je lui remis les 10 000$ et elle prit l'avion aussitôt pour rejoindre son mari à New York. C'est parce qu'il lui mentait et qu'il avait gaspillé tout son argent à elle, qu'elle l'avait quitté. Elle s'était tournée vers Dieu dans sa prière, implorant conseils et orientations; ma prière, semble-t-il, avait été revivifiée comme la réponse à ses difficultés. Son subconscient avait projeté mon image avec le message qui répondait à sa prière.

EN RÉSUMÉ

1. Les rêves représentent votre subconscient sur la scène mentale. Pendant que vous dormez, votre subconscient qui ne se repose jamais, lui, reste en état de veille et de constante activité. Il s'exprime habituellement sous une forme symbolique. Des expériences ont permis de constater que lorsqu'une personne rêve, ses yeux font certains mouvements. Les rêves peuvent vous apporter la solution à vos difficultés.

2. Votre subconscient est sensible à la suggestion et réagit selon la nature de celle-ci, qu'elle soit vraie ou fausse. Avant de sombrer dans le sommeil, répétez-vous que vous allez rêver des lacs de Killarney et vous les verrez comme dans une vision enchanteresse: le merveilleux paysage mis en scène par votre subconscient vous ravira.

3. Freud, Adler et Jung ont chacun donné une interprétation différente du subconscient et des rêves. Dans le présent ouvrage, nous cherchons à montrer qu'après avoir prié, de nombreuses personnes ont trouvé la clé de leurs difficultés dans des réponses que leur apportent leurs rêves: réponses parfois symboliques mais parfois aussi très détaillées et réalistes.

4. Une institutrice priait pour trouver sa voie et reçut en rêve l'ordre de franchir une certaine porte: elle obéit et se trouva dans une galerie d'art remplie de très belles peintures. Saisie par l'intuition que là était sa vraie place dans la vie elle se mit à la peinture et connut aussitôt la réussite.

5. Une jeune fille avait cherché sans succès à retrouver l'argent caché par son père, décédé subitement. Après avoir demandé à son subconscient de lui révéler la cachette, elle vit son père lui apparaître en rêve et lui expliquer clairement où se trouvait l'argent. Les voies du subconscient sont indéchiffrables: la réponse se présente toujours de façon inattendue. Il suffit d'avoir confiance, de lui présenter sa requête et de croire profondément qu'il y répondra: au moment où vous vous y attendrez le moins, la réponse vous sera communiquée, comme si elle tombait tout droit du ciel.

6. L'un des meilleurs moments pour se mettre en contact avec le subconscient est l'instant qui précède le sommeil, alors que vous êtes détendu, plus près de la quiétude et du sommeil profond. Si vous cherchez la solution de quelque difficulté, parlez à votre subconscient, affirmez que la réponse se trouve dans sa sagesse et que vous y croyez de façon absolue. Glissez-vous ensuite dans le sommeil en murmurant le mot réponse: votre subconscient fera le reste. Cette méthode peut aussi se pratiquer durant la journée: apaisez votre esprit ou méditez le psaume 23, puis pensez à l'Intelligence infinie et à la sagesse profonde qui se trouve en vous, songez à la réponse. Faites ceci pendant quelques minutes puis poursuivez vos activités. La réponse vous viendra probablement au moment où vous êtes occupé à autre chose.

7. Si vous êtes porté vers les choses de la religion et que vous étudiez les thèmes spirituels, il se peut que votre subconscient, qui cherche à vous protéger, vous présente un symbole religieux qui, pour vous, sera

chargé de signification. Une jeune fille juive sur le point de se marier, faisait chaque nuit le même rêve (la récurrence est un fait très important) au cours duquel l'Étoile de David lui apparaissait. Intuitivement, elle saisit le sens de ce rêve et renonça à ses projets de mariage. La suite des événements prouva que la réponse reçue dans ses rêves était bien la bonne.

8. Un homme que sa femme avait quitté avait tenté partout de la retrouver. Dans ses prières, il demandait à Dieu de le guider et de lui indiquer la bonne voie; son pasteur, lui, priait pour que l'Intelligence infinie de son subconscient lui révèle les allées et venues de cette personne car il souhaitait lui rendre les 10 000$ que le mari de cette femme lui avait remis à son intention. Pendant le sommeil de cette femme, la sagesse du subconscient mit en scène, dans son esprit, une image du pasteur. Il citait la Bible et lui fournissait des détails sur la somme d'argent et le désir de son mari de se faire pardonner. Elle se fia à son rêve, rendit visite au pasteur et constata que son rêve était en tous points conforme à la réalité.

...S'il y a parmi vous un prophète, c'est en vision que je me révèle à lui. C'est en songe que je lui parle.

(Nombres 12; 6)

À votre service:
des techniques télépsychiques et
des formes de prière efficaces

Voici différentes définitions de la prière que l'on peut trouver dans les dictionnaires:

1. Communion spirituelle avec Dieu ou tout autre objet de culte; pieuse demande qui leur est adressée.

2. Action de prier Dieu ou tout autre objet de culte.

3. Mouvement de l'âme tendant à une communion spirituelle avec Dieu par l'élévation vers lui des sentiments (supplications, action de grâces, adoration ou confession).

4. Suite de formules consacrées par le culte et la liturgie, comme le Notre-Père.

5. Célébration religieuse publique ou privée consistant totalement ou principalement de prières.

6. Demande, invitation.

Dans le présent ouvrage, nous vous disons de façon simple et claire: la réponse à votre propre prière provient de vous. La raison en est extraordinairement facile à comprendre: tout ce que votre conscient croit ou accepte comme vrai, votre subconscient le transformera inévitablement en faits ou événements réels. Puisqu'il procède uniquement par déductions, il accepte votre conviction, vraie ou fausse. Lui transmettez-vous une suggestion fausse, il la tient pour vraie et procède à une mise en scène basée sur ce scénario.

Le mécanisme de votre subconscient

Supposons qu'un psychologue ou un psychiatre vous hypnotise (en état d'hypnose, votre esprit raisonnable et conscient est comme engourdi et votre subconscient est sensible à la suggestion) et vous suggère que vous êtes le président des États-Unis. Parce qu'il ne procède pas par raisonnement, choix, différentiation, votre subconscient accepterait cet énoncé comme vrai et vous adopteriez aussitôt l'attitude digne et compassée qui, d'après vous, va de pair avec cette position.

Voici d'autres exemples de comportement en état d'hypnose. Si on vous sert un verre d'eau en vous disant que vous êtes ivre, vous jouez le rôle d'un ivrogne aussi bien que possible. Vous avez fait part au psychiatre de votre allergie à la fléole des prés et celui-ci vous place un verre d'eau distillée sous le nez en vous disant qu'il s'agit justement de cette plante: vous manifestez tous les symptomes d'une crise d'allergie et vos réactions physiques et physiologiques sont absolument les mêmes que si, à la place d'eau distillée, se trouvait réellement une gerbe de fléole des prés.

Ou encore, si on vous dit que vous êtes un clochard, votre comportement se modifie instantanément pour devenir celui du mendiant, la sébile à la main.

Bref, on peut vous amener à croire que vous êtes n'importe qui ou n'importe quoi, aussi bien une statue qu'un chien, un soldat qu'un nageur, et vous jouez le rôle à la perfection conformément à la suggestion qui vous est faite et dans les limites de vos connaissances des caractéristiques de la personne ou de l'objet en question. Il importe aussi de se rappeler que, de deux idées, votre subconscient accepte toujours la plus forte, c'est-à-dire qu'il fait sienne votre conviction, sans se demander si vos prémisses sont vraies ou, au contraire, absolument fausses.

L'homme rationnel n'adresse ni supplique ni requête à un Dieu éloigné

Pour l'homme moderne et pragmatique qui pense droit, Dieu est l'Intelligence infinie logée dans son subconscient; qu'on l'appelle le subconscient, l'inconscient, l'esprit subjectif, ou qu'on désigne cette intellignece suprême sous le nom d'Allah, Brahma, Jéhovah, la Réalité ou l'Esprit ou l'Oeil qui voit tout, cela le laisse indifférent.

Toute la puissance divine vous l'avez en vous. Mais Dieu est Esprit et un esprit n'a ni forme, ni traits précis; il est immatériel et éternel. Le même esprit habite en chacun de nous. C'est là la raison de la parole de Saint-Paul:

... "C'est pourquoi je l'invite à raviver le don spirituel que Dieu a déposé en toi par l'imposition de mes mains..."
(II Timothée 1; 6)

Les Saintes Écritures nous disent aussi...

"Le Royaume de Dieu est au milieu de vous."

(Luc 17; 21)

Oui, Dieu loge dans vos pensées, vos sentiments, votre imagination. En d'autres termes, Dieu est la partie invisible de votre être, le principe de vie en vous, l'amour infini. Et, lorsqu'on sait que la pensée permet de contacter cette puissance invisible, il devient possible de dépouiller la prière de tout ce qui l'entoure: mystère, superstition, doute ou émerveillement. La Bible ne nous dit-elle pas... *Le Verbe était Dieu.* (Jean 1; 1)

La parole exprime votre pensée et, ainsi que nous l'avons dit dans ce chapitre, toute pensée est force de création et tend à se manifester dans votre vie selon sa nature. Il va sans dire que chaque fois que vous découvrez cette puissance créatrice, vous découvrez Dieu, puisqu'il n'y a qu'une seule puissance créatrice, pas deux, ni trois, ni mille, une seule et unique...

"Écoute Israël (l'homme éclairé et vigilant), *le Seigneur* (la Puissance suprême), *notre Dieu est l'unique Seigneur* (une seule puissance, une Présence, une Cause, une Substance). (Marc 12; 29)

L'homme rationnel ne supplie ni ne réclame jamais

D'une façon simple, pratique et terre à terre, la grande sagesse de l'humanité nous apprend que: *"... avant même qu'ils appellent, je leur répondrai: ils parleront encore qu'ils seront déjà exaucés."* (Isaïe 65; 24)

Voilà pourquoi tout homme pragmatique qui connaît les lois de son propre esprit trouve absurde et ridicule de solliciter une chose qu'il possède déjà. En d'autres termes, avant de chercher une solution à un problème, qu'il soit d'astrophysique, de chimie, de relations humaines, qu'il soit engendré par la solitude, la maladie ou la pauvreté ou qu'il s'agisse d'une personne perdue dans la jungle, sachez qu'à toute difficulté imaginable sur cette terre il y a une réponse à portée de la main pour la simple raison qu'elle se trouve dans l'intelligence infinie de votre subconscient.

C'est une simple question de gros bon sens. En effet, l'intelligence infinie de votre subconscient est omnisciente, elle est la sagesse même, elle a créé l'univers et toutes les choses vivantes qui s'y trouvent, depuis l'homme jusqu'aux myriades de galaxies. Or, puisqu'elle a créé tout cela, comment un être doué de raison peut-il croire que cette Intelligence Suprême ne connaît pas la solution à ses problèmes et difficultés? En fait, la sagesse de votre subconscient ne connaît que la réponse puisque pour elle le problème n'existe même pas. Il suffit de s'arrêter quelques secondes pour y penser car, si l'Intelligence infinie avait un problème, qui serait en mesure d'y trouver une solution?

Mon ange gardien me sauve la vie

Dans mon enfance, ma mère m'avait dit que j'avais un ange gardien chargé tout particulièrement de veiller sur moi: chaque fois que je serais menacé, il se porterait à mon secours. Crédule comme tous les enfants, j'avais foi en tout ce qu'affirmaient mes parents.

Or, un jour qu'en compagnie de camarades je m'étais perdu dans la jungle, je leur dis que mon ange gardien nous indiquerait le chemin et nous sortirait de ce mauvais pas. Quelques-uns se mirent à rire et à se moquer de moi. Les autres voulurent bien me suivre: j'avais le sentiment intérieur, une espèce de pressentiment de devoir marcher dans une certaine direction. Nous avons fini par rencontrer un chasseur qui nous traita avec bienveillance et nous porta secours. Mes jeunes amis qui avaient refusé de nous accompagner ne furent jamais retrouvés.

Un ange gardien réel ayant des ailes et protégeant chacun de nous, il est bien certain que cela n'existe pas. Ma foi aveugle dans mon ange gardien avait incité mon subconscient à réagir à sa façon, me poussant à m'engager dans une certaine direction; il savait aussi où se trouvait le chasseur et nous dirigea vers lui.

La Bible nous dit:

"Puisqu'il s'attache à moi, je l'affranchis, je l'exalte, puisqu'il connaît mon nom. Il m'appelle et moi je lui réponds; je suis avec lui dans la détresse..."
(Psaume 91; 14,15)

Ce nom (ange gardien) n'est qu'un autre terme pour désigner la nature de cette intelligence infinie logée dans votre esprit subjectif profond: les termes subjectif et subconscient sont synonymes. Il est dans la nature de l'Intelligence infinie en vous de réagir à la nature de votre appel.

Si vous êtes perdu dans la jungle, sans boussole, ignorant où se trouve l'Étoile polaire, en d'autres termes si vous n'avez aucun sens de l'orientation, rappelez-vous que l'intelligence créatrice dans votre subconscient a créé l'Univers et toutes les choses vivantes: elle n'a donc nul besoin d'une boussole pour vous sortir de là. Si vous ne reconnaissez pas cette sagesse en vous, il ne vaut pas la peine qu'elle y soit.

Supposons que vous ameniez chez-vous une personne des plus primitives n'ayant aucune idée de ce qu'est un robinet ou un interrupteur et que vous la laissiez à elle-même pendant une semaine. Malgré la présence de l'eau et de l'électricité à sa portée, elle mourrait de soif et reste-rait dans l'obscurité. Des millions de gens à travers le monde sont comme ce primitif: ils ne voient pas que, quel que soit le besoin ou le problème, la réponse est à leur portée, ils n'ont qu'à s'adresser avec foi et confiance à la sagesse de leur esprit subjectif et la réponse jaillira des profondeurs de leur être.

Faites vôtres les enrichissantes expériences de la prière scientifique

Le mot prière peut se définir de tellement de façons dif-férentes et il possède une si longue histoire que, dans le présent ouvrage, je me trouve forcé de définir le proces-sus et la thérapie de la prière dans les termes les plus sim-ples.

Un nombre étonnant de personnes, aux quatre coins du globe professent sur ce sujet des idées sclérosées dont tout étudiant un peu dans le vent aurait honte, sans parler des rites et des cérémonies vieillottes auxquels tout homme ou femme intelligents refuseraient de croire. Sous prétexte de préjugés et d'idées préconçues trainées depuis l'enfance, ne vous privez pas des avantages et des béné-dictions sans nombre dont la prière authentique peut vous combler.

Un jeune homme réalise son rêve de devenir pilote de ligne

Voici quelques extraits d'une lettre que j'ai reçue d'un jeune homme, maintenant pilote de ligne bien que toutes les chances aient été contre lui me dit-il. Il me demanda de la publier à titre d'encouragement pour les lecteurs. Je suis persuadé que ses paroles trouveront un écho sympathique chez qui les lira attentivement:

Voici une expérience que j'ai vécue. Je vous permets de l'utiliser soit telle quelle, soit en partie, en vue d'aider d'autres personnes.

J'ai toujours voulu devenir pilote de ligne. Il y a quelques années, j'ai fait appel aux lois de l'esprit afin d'attirer à moi le temps et l'argent nécessaires pour obtenir la formation, l'expérience et le permis exigés pour l'exercice de cette profession. Juste au moment où je m'apprêtais à mettre mon projet à exécution, le pays sombra dans la récession. Toutes les lignes d'aviation procédaient à des mises à pied. Je m'éloignai alors de la pratique quotidienne de la Vérité, si bien que, lorsque la compagnie d'aviation rappela ses pilotes et commença à embaucher de nouveau, je n'étais plus du tout dans le coup.

Pour dix postes, il y avait 2 500 candidats dont au moins 90% avaient plus d'expérience que moi. Je me rappelle qu'un dimanche vous avez déclaré: "Vous devez en arriver à une décision et réclamer ce que vous voulez croire".

En me rendant au travail, au volant de ma voiture, je me voyais déjà en uniforme, me présentant pour un vol ou assistant aux cours dispensés aux futurs pilotes. J'avais l'impression que j'étais ATTENDU et que je ne pouvais pas me permettre d'être en retard. La porte ne m'était pas fermée, on m'ATTENDAIT; je devais la franchir pour rejoindre ces personnes qui m'attendaient.

Après trois semaines de ce manège où j'imaginais et percevais vraiment tout cela comme si c'était la vérité, le directeur du personnel me fit convoquer pour une entrevue. Les classes étaient déjà remplies, mais un candidat s'était désisté la veille même du début des cours. Les formalités furent vite expédiées, les employés restèrent même après les heures afin de compléter mon dossier car j'étais, paraît-il, la solution parfaite à leur difficulté et l'on m'en était reconnaissant. Six des postes mentionnés précédemment étaient réservés à des candidats de choix.

Ce jeune homme d'une vingtaine d'années réalise que toute idée qu'il tient pour vraie se grave dans son subconscient et devient réalité. Voilà tout le sens de la *vraie* prière.

Ne suppliez pas un Dieu vague

L'homme qui pense droit sait que Dieu ou l'intelligence créatrice de son subconscient, lui répondra selon ses convictions personnelles à lui. Il sait aussi que des lois régissent le cosmos et que, comme l'a écrit le philosophe Emerson: "Rien n'est dû au hasard: tout a une cause," ce qui veut dire que si votre prière est exaucée, elle le sera conformément aux lois de votre esprit, que vous en soyez conscient ou non.

L'Esprit vivant qui habite en vous ne suspend pas les lois de la nature en vue de favoriser une personne ou l'autre à cause de ses croyances religieuses ou encore parce qu'il s'agit d'un saint homme. Immuables sont les lois de la vie, qui ne cèdent ni au caprice ni au favoritisme car... *Dieu ne fait pas acception des personnes.* (Actes 10; 34). Sachez que cette loi est universelle: tels sont les messages qu'adressent vos pensées, telles sont les réponses. Vos messages à votre esprit profond sont-ils négatifs, les résultats seront négatifs; les messages sont-ils, au contraire, constructifs, les résultats le seront aussi.

La puissance est une

La plus importante vérité dont vous devez vous pénétrer est la suivante: la puissance est une. Cette puissance est omniprésente et se trouve donc en vous, comme principe de vie même. Utilisée de façon constructive et harmonieuse et en accord avec son essence, cette puissance est appelée Dieu ou le bien. Utilisée de façon négative et destructive, elle est appelée le diable, satan, le mal, l'enfer, la malchance, etc. Soyez honnête avec vous-même et posez-vous cette simple question: "Quel usage est-ce que je fais de la puissance qui m'habite?" et vous aurez aussitôt la réponse à votre propre problème. C'est aussi simple que cela.

Les diverses formes de la prière

À qui me demande comment je prie, je réponds que, pour moi, la prière est la contemplation, du point le plus élevé possible, des vérités éternelles de l'Infini. Immuables sont ces vérités, les mêmes aujourd'hui comme hier et jusqu'à la fin des temps.

Un marin doit son sauvetage
à sa prière

L'an dernier je dirigeai un colloque-croisière vers l'Alaska et un des marins me raconta que lorsque son navire fut torpillé, au cours de la deuxième guerre mondiale, tous les hommes à bord périrent, sauf lui. Il se retrouva tout seul sur un radeau au milieu de l'océan, incapable de penser à rien d'autre qu'à Dieu. Les lois de l'esprit lui étaient inconnues mais, dans sa détresse, il répétait sans cesse: "Dieu vient à mon secours" puis il perdit conscience. Lorsqu'il revint à lui, il se trouvait sur un croiseur anglais: le capitaine lui dit avoir été saisi de l'intuition irrésistible de changer de cap; ce fut un officier de quart sur le navire qui repéra le marin.

Le rescapé avait adressé sa prière vers ce qui pour lui était Dieu — une sorte d'être anthropomorphe — quelque part, là-haut, qui prêterait l'oreille ou non à sa supplique. Il avait ce qu'il appelait la foi du charbonnier et il faisait confiance à Dieu sans aucune réserve. Nul doute que sa foi aveugle avait profondément imprégné son subconscient qui à son tour avait répondu à sa foi et était venu à son secours.

Du point de vue des lois spririruelles et mentales, on peut affirmer que la sagesse de son subconscient savait où se trouvait le navire le plus rapproché et avait agi sur l'esprit du capitaine, le forçant à changer de cap et à venir ainsi à son secours.

Votre subconscient ne connaît ni temps ni espace; il coexiste avec la haute sagesse, la toute-puissance. En fait, les attributs, qualités et forces de Dieu logent dans votre moi profond ou quel que soit le terme que vous choisissiez de l'appeler: Sagesse Intime, Esprit Universel, Principe de Vie, Esprit Subliminal, Esprit Superconscient. En réalité, il n'a pas de nom. Qu'il vous suffise de savoir qu'il existe une sagesse et une intelligence infinie qui dépasse de beaucoup votre intelligence, votre moi ou même vos cinq sens et qui répond toujours à votre reconnaissance de sa présence, à votre foi et à vos espérances. Le marin de notre histoire avait, dans sa détresse, placé toute sa foi en Dieu, confiant, sans trop savoir pourquoi, qu'il serait sauvé. Sa foi pénétra son subconscient qui réagit en accord avec cette foi.

"Si tu peux!... tout est possible à celui qui croit."
(Marc 9; 23)

Le plus souvent on a tort de demander quelque chose dans ses prières.

Et voici pourquoi: ... *"Avant même qu'ils appellent, je leur répondrai; ils parleront encore, qu'ils seront déjà exaucés."* (Isaïe 65; 24)

L'objet de votre demande, quel qu'il soit, existe déjà, car toutes choses existent dans l'Infini présent en nous. Issue, réponse, présence qui guérit, amour, paix, harmonie, joie, sagesse, puissance et force: tout cela et bien plus encore, existe actuellement et attend votre appel et votre reconnaissance de sa présence.

C'est maintenant, en ce moment précis de l'heure présente que tout cela existe: la joie, l'harmonie, la richesse, les conseils, la voie à suivre, la présence qui guérit et aussi la solution à tous les problèmes de la terre. Les idées créatrices de l'esprit infini en vous sont innombrables. Vous n'avez qu'à proclamer, sentir, savoir et croire que la réponse est vôtre dès maintenant et la solution se présentera.

Toutes les choses existent déjà dans l'Esprit Infini sous forme d'idées, d'images ou de représentations mentales se formant dans votre esprit; si vous ne faites qu'un avec ce que vous désirez et le réclamez intensément, vous obtiendrez votre réponse. Voilà ce qu'est la prière scientifique. Quand vous suppliez et quémandez, vous ne faites qu'admettre que vous n'avez pas ce que vous réclamez en ce moment et cet esprit de manque génère encore plus de vide, de manque et de limitations.

Ce Dieu que vous suppliez vous a déjà tout accordé: votre rôle est de vous approprier la réalité de votre idée ou de votre désir et de méditer sur cette réalité. Réjouissez-vous et rendez grâces sachant que tandis que vous contemplez la réalité de votre désir, idée ou projet, votre subconscient l'amène à réalisation. Cultivez l'art de recevoir ces largesses: les dons de Dieu vous ont appartenu dès la création du monde. Vous devez accepter votre bien maintenant. Pourquoi l'attendre? Tout ce dont vous avez besoin est là, maintenant.

Nous le répétons ici, toutes les choses existent déjà dans l'Esprit Infini sous forme d'idées: il y a un schéma mental derrière chacune des choses de l'univers. Supposons qu'une terrible tragédie détruise toutes les inventions du monde: il serait facile aux ingénieurs de les reproduire par millions dans les chaînes de montage puisque tout ce qui existe dans le monde a pris naissance soit dans le cerveau de l'homme soit dans le cerveau de Dieu. L'idée, le désir, l'intention ou la prière présents dans votre esprit sont aussi réels que votre main ou votre coeur: nourris avec foi et confiance, ils prendront forme et substance sur l'écran de l'espace.

Où se trouve la demeure de Dieu?

Dieu est Esprit et l'Esprit est omniprésent et à l'intérieur de nous comme de chacun des hommes:

... "Or c'est nous qui le sommes le temple du Dieu vivant ainsi que Dieu l'a dit: j'habiterai au milieu d'eux..."
(II Corinthiens 6; 16)

"Voici, je me tiens à ta porte et je frappe: si quelqu'un entend ma voix et ouvre la porte, j'entrerai chez-lui pour souper, moi près de lui et lui près de moi."
(Apocalypse 3; 20)

Cette dernière citation résume bien l'intimité de la prière où l'on dialogue et communie avec son moi supérieur, au lieu d'être à l'extérieur de soi à supplier une divinité lointaine qui exaucera ou non notre prière. Vous savez que votre prière est déjà exaucée mais vous devez le reconnaître, établir le contact, tout accepter et la réponse viendra.

L'Intelligence Suprême ou le Principe de Vie dans votre subconscient frappe à la porte de votre coeur. Ainsi, si vous êtes malade, le Principe de Vie vous incitera à être bien portant. Toujours, il vous dit: "Élève-toi, toujours plus haut; j'ai besoin de toi." Ouvrez la porte de votre coeur et proclamez hardiment:

Je sais et je crois que l'infinie présence de guérison qui m'a créé peut aussi me guérir et je réclame la plé-

nitude, la vitalité et la perfection ici et dès maintenant. L'Intelligence Infinie dans mon subconscient frappe à la porte de mon coeur, me rappelant que la réponse et l'issue sont en moi. Mon esprit est ouvert et réceptif à la Sagesse Infinie. Je rends grâce pour la solution qui apparaît clairement à mon conscient raisonnant et lucide.

Cette sagesse et cette puissance universelles à la disposition de tous les hommes, quelles que soient leurs croyances ou la couleur de leur peau, c'est Dieu, Dieu qui répondra aussi bien à l'athée qu'à l'agnostique ou au saint homme: il suffit, pour cela, de croire.

"...Si tu peux!... tout est possible à celui qui croit."
(Marc 9; 23)

Dieu: puissance ou principe?

Penser à Dieu comme à un être anthropomorphe ou à une sorte d'homme glorifié, avec tous les caprices, toutes les excentricités ou les particularités de l'homme luimême, cela tient de l'infantilisme, de la névrose et relève de la plus haute absurdité. Dieu est intégré à votre personne et voici comment: vous pouvez, en ce moment même, contempler l'amour, la paix, l'harmonie, la joie, la beauté, la sagesse, la puissance, les conseils. Vous vous mettez alors à exprimer ces qualités car vous devenez ce que vous contemplez. Vous avez ainsi personnalisé, individualisé les qualités de Dieu, lui qui est l'amour sans réserves, l'harmonie absolue, la joie sans failles, l'ultime sagesse, l'intelligence suprême et la vie infinie, lui qui est omniprésent, tout-puissant. Dieu est aussi la loi, car nous vivons dans un monde d'ordre public.

Toutes les composantes de la personnalité se trouvent dans l'Être Infini présent en vous: à mesure que vous contemplez les qualités de Dieu en vous, vous développez une personnalité extraordinaire, à l'image de Dieu et, ce faisant, vous obéissez à la loi de Dieu ou de votre propre subconscient: l'objet de vos méditations ou de vos déclarations s'enregistre dans votre subconscient et celui-ci manifeste ce qui y a été enregistré. Vous ne pourriez développer une personnalité agréable si vous ne vous conformiez pas à cette loi car elle dit que vos pensées et vos sentiments façonnent votre destin et que vous devenez l'objet même de vos contemplations.

Dieu est tout ce qui existe, enveloppant, englobant, entourant toutes choses. Cessez de chercher de midi à quatorze heures: prenez enfin conscience que Dieu est la loi et la personnalité infinies, les deux piliers mentionnés dans la Bible.

"... Et il dressa la colonne de droite et lui donna pour nom: YAKIN; il dressa la colonne de gauche et lui donna pour nom: BOAZ." (Rois 7; 21)

On pourrait résumer ainsi ce que de nombreuses personnes me disent: "Je ne peux pas adresser ma prière à un principe." Il leur faut, semble-t-il, un vieillard à barbe blanche, là-haut dans le ciel, qui les réconforte, leur pardonne et prend soin d'elles tout comme leur père sur la terre. Reliquats d'homme primitif et du stade infantile que tout cela! Rappelez-vous que la nature de l'intelligence infinie en vous est de répondre aux suggestions: faites appel à elle en toute confiance et elle deviendra l'incarnation de votre idéal.

Vous ne pouvez développer une personnalité spirituelle attirante et extraordinaire sans vous conformer aux lois de votre esprit. Il vous faut créer l'équivalent mental de tout ce que vous désirez devenir, accomplir ou posséder. Un débordement sentimental ou un élan de sentimentalité envers une divinité éloignée ne peuvent que vous conduire à la névrose ou à la confusion.

"...La charité est dans la loi, dans sa plénitude."
(Romains 13; 10)

À mesure que vous remplissez votre âme d'amour et de joie, de paix et d'harmonie, de façon régulière et systématique, la personne divine s'intégrera à votre personne: une fois que vous aurez fait vôtres ces qualités, vous les exprimerez à votre tour. Dieu est amour et vous ne pouvez rien faire de mieux que de cesser de le supplier, de quémander pour cela même qui vous a déjà été accordé.

Des milliers de personnes, en Amérique, ont déjà recours à la prière positive

Dans cette approche, il ne s'agit pas d'implorer Dieu pour quoi que ce soit mais bien plutôt de se rappeler les grandes et infaillibles vérités telles que:

"Yahvé est mon pasteur, je ne manque de rien."
(Psaume 23; 1)

Pour ces personnes, ce psaume signifie tout simplement que les preuves ne manqueront jamais aux hommes de ce qu'ils ont fait choix de la Puissance Ultime (Dieu) pour les guider, les protéger, les nourrir et les réconforter: elles savent que le mot "pasteur" n'est qu'une autre façon d'exprimer leur profonde conviction de l'amour et des conseils divins qui les mèneront aux verts pâturages (l'abondance) et vers les eaux calmes (l'esprit serein). Voilà tout le sens de la prière.

La prière d'invocation

Lorsque vous invoquez les bénédictions, la protection et les conseils de l'Infini avec foi et confiance, la réponse vous sera donnée. Alors que l'ennemi se pressait aux portes de la ville d'Hippone dont Saint Augustin était l'évêque, celui-ci trouva réconfort, quiétude et protection dans la prière d'invocation suivante, venue du plus profond de son coeur:

Laisse mon âme se reposer des tourments de ce monde sous l'ombre protectrice de tes ailes; laisse mon coeur, cette mer de vagues bouillonnantes, trouver sa paix en toi, ô Dieu.

Après avoir prié ainsi, Saint Augustin s'endormit et son âme trouva le repos.

EN RÉSUMÉ

1. Chaque homme exauce sa propre prière, qu'il en soit conscient ou non; la raison, c'est que tout ce qu'un homme croit vrai dans son conscient est accepté comme tel par son subconscient, indépendamment de la vérité ou de la fausseté de ce qu'il croit. Ainsi, par exemple, si un homme croit qu'il échouera à un examen, son subconscient n'a d'autre choix que de le contraindre à échouer, quels que soient les efforts qu'il déploie objectivement pour réussir.

2. Lorsque vous êtes sous hypnose et que votre conscient se trouve dans un engourdissement temporaire, votre subconscient est sensible aux suggestions de l'hypnotiseur; et ces suggestions aussi bizarres soient-

elles, votre subconscient les mettra en scène de façon aussi poussée que possible pour se conformer à ce scénario. Votre subconscient n'a qu'une idée en tête et ne raisonne pas ni ne réfléchit comme votre conscient le fait; il ne raisonne que de façon déductive, c'est-à-dire que si votre conscient lui fournit une prémisse fausse, procédant avec une étonnante finesse il mettra la réponse en scène pour qu'elle corresponde à la nature de la suggestion. Ne fournissez donc à votre subconscient que des prémisses vraies, nobles et à l'image de Dieu.

3. Dieu est le créateur ou l'intelligence infinie qui, dans votre subconscient vous exauce selon votre croyance car c'est dans la nature de l'intelligence infinie que d'exaucer. Toute idée que vous ressentez comme vraie s'imprime dans votre subconscient et cela (bon ou mauvais) s'exprime ensuite; c'est la raison pour laquelle chaque homme exauce sa propre prière. S'il ne croit pas à la guérison ou à la solution de ses difficultés, son subconscient réagira selon cette croyance, et selon ces faits et causes, sa prière sera exaucée. En fait toutes les prières reçoivent une réponse; une prière sans réponse, cela n'existe pas.

Et tout ce que vous demanderez dans une prière pleine de foi, vous l'obtiendrez.   (Matthieu 21; 22)

4. La réponse à toute question se trouve déjà en vous avant même que vous ne la posiez. Il vous suffit de reconnaître que, quelque soit l'objet de votre demande, la réponse se trouve dans la puissance et la présence infinies de votre subconscient; lorsque vous cherchez une solution ou une réponse, il vous adviendra selon votre foi. La puissance et la présence

infinies de votre esprit profond qui a créé l'univers et toutes choses sur la terre, sait tout, voit tout et possède les connaissances nécessaires pour tout accomplir. Supplier et implorer c'est admettre que vous n'avez pas cet objet de vos demandes, c'est admettre un manque et une limitation. Ce faisant vous attirez inévitablement encore plus de peines et de pertes puisque ce sur quoi vous braquez votre attention, votre esprit le grossit. Quelle que soit la réalité présente dans votre esprit: idée, désir, image mentale, intention, pièce de théâtre ou livre, cela est tout aussi réel que votre main ou votre coeur. Nourrissez ce désir avec foi et espérance.

5. Si vous croyez aveuglément à un ange gardien, votre subconscient réagira à cette foi par le biais d'une voix intérieure, comme un sentiment intime de devoir vous engager dans une certaine direction: il s'agit d'une espèce d'intuition irrésistible appelée science intime et silencieuse de l'âme. L'ange est comme l'idée jaillissant de votre esprit profond avec la solution de vos difficultés. Que l'objet de votre foi soit vrai ou faux, votre subconscient répondra à la croyance du conscient.

6. Si vous ne reconnaissez pas la sagesse, la puissance ou l'intelligence logées dans les couches profondes de votre être, autant vaudrait qu'elles n'y soient pas. Saint-Paul nous dit: ... *Je t'invite à raviver le don que Dieu a déposé en toi...* (II Timothée 1; 6)

7. Un jeune homme sans expérience postulait une place de pilote de ligne comme 2 500 autres candidats beaucoup mieux préparés que lui; il se voyait déjà au travail portant l'uniforme et les insignes de pilote, ou

manoeuvrant un avion. Il continua ces jeux de l'imagination, son subconscient accepta ces images mentales et malgré que toutes les chances aient été contre lui, il fut choisi comme candidat de choix pour remplir un des dix postes vacants. Ce jeune homme connaissait le mécanisme de son subconscient.

8. Dieu ne fait pas acception des personnes car les lois de votre esprit et de l'univers sont constantes et immuables. Il est ridicule, infantile et absurde de croire qu'en suppliant et en implorant un Dieu dans le ciel, les lois de votre esprit ou de l'univers seront suspendues en votre faveur. J'aimerais insister encore une fois, sur le fait que c'est vous qui exaucez votre propre prière. Votre subconscient réagit aux impulsions de vos pensées et répond selon la nature de ces suggestions.

9. Il n'y a qu'une seule puissance dans ce monde, pas deux, ni dix, ni trente-six, une seule et unique. Utilisée de façon constructive, cette puissance reçoit le nom de Dieu; utilisée, au contraire, de façon négative, aveugle ou destructive, elle est appelée diable, mal, enfer, etc.

10. On peut prier de diverses façons et, quant à moi, je considère la prière comme la contemplation, du plus haut point possible, des vérités de Dieu. Quand vous remplissez votre esprit de ces vérités immuables, vous neutralisez et effacez tous les courants négatifs de votre subconscient. Vous devenez ce que vous contemplez. Tout ce que votre conscient perçoit comme vrai, votre subconscient le mettra en scène et le projettera sur l'écran de l'espace. Voilà le vrai sens de la prière.

11. Il est arrivé à des hommes n'ayant aucune idée du mécanisme de la prière et charriant des idées bizarres, infantiles, et même grotesques de Dieu, de supplier Dieu, dans leur détresse, de venir à leur secours; plusieurs d'entre eux, qui, avec une foi puérile, croyaient qu'un Dieu dans le ciel leur viendrait en aide, ont, en fait, été exaucés. Cela peut s'expliquer ainsi: que l'objet de votre foi soit vrai ou faux, les résultats seront les mêmes, puisque votre subconscient ne les met pas en doute et ne raisonne que de façon déductive.

12. En suppliant et en implorant une divinité éloignée, vous ne faites qu'admettre que vous n'avez pas ce que vous réclamez en ce moment et cet esprit de manque génère encore plus de manque et de limitations: vous obtenez donc tout le contraire de ce que vous demandez. Ne dit-on pas dans la Bible: *"Tout ce que vous demanderez en priant, croyez que vous l'avez déjà reçu et cela vous sera accordé."* (Marc 11; 24) Que le chêne soit dans le gland, vous n'en doutez pas, mais vous devez semer les graines; de même, quelque soit votre problème, quelle que soit sa difficulté, la réponse prend la forme d'un désir. Votre désir est comme la graine qui a ses propres lois de développement et d'évolution. Votre désir est tout aussi réel que votre main ou votre coeur, de la même façon qu'une idée dans votre esprit, celle d'une radio par exemple, existe réellement. Prenez enfin conscience du fait que l'intelligence infinie de votre subconscient, la seule et unique puissance créatrice, peut amener votre désir à se matérialiser. Croyez en la réalité de votre idée, de votre désir, nourrissez-le de foi et de confiance, et tout comme la graine dans le sol à qui on donne eau et engrais, votre désir croîtra, sortira de terre et prendra

place dans votre vie comme la réponse à votre prière. Voilà pourquoi vous pouvez croire que vous possédez tout maintenant, puisque dans votre esprit, c'est déjà une réalité.

13. Vous êtes le temple du Dieu vivant qui est l'Esprit Tout-Puissant en vous. Votre propre esprit est le lieu où vous faites route et conversez avec votre pensée; la seule puissance créatrice et immatérielle que vous connaissez, et cela, tout en sachant ce que vous êtes en train de créer à ce moment. Le principe de vie en vous ne cesse de frapper à la porte de votre coeur en disant: "Élève-toi, surpasse-toi, grandis, avance, va plus loin, ouvre la porte de ton coeur." Il vous invite à réaliser tout ce qu'il y a en vous, tout cela qui peut sécher vos larmes, guérir votre corps souffrant, révéler les talents cachés et vous diriger vers la voie royale du bonheur, de la liberté et de la paix de l'esprit.

14. Dieu (l'Esprit) possède tous les éléments qui constituent une personnalité tels que possibilité de choisir, volonté, amour, paix, harmonie, joie, beauté, puissance, force, sagesse et intelligence. Dieu est aussi la Loi: il ne peut y avoir l'un sans l'autre. À moins de faire vôtres les attributs et qualités de Dieu, de méditer sur ces qualités et d'en faire la règle de votre subconscient, comment pourriez-vous développer une personnalité extraordinaire? La Loi veut que vous deveniez ce que vous proclamez et croyez vrai. En d'autres termes, vous devenez ce à quoi vous pensez et ce que vous incorporez dans votre subconscient. Un débordement d'émotions, une attitude pieuse et sentimentale envers quelque lointaine divinité, tout

cela ne mène qu'à la confusion, à la névrose et à la désillusion. La loi et la personnalité ne font qu'un; pour que la Présence et la Puissance Universelles puissent s'exprimer à travers un individu, il leur faut d'abord devenir cet individu. Vous devez faire vôtres dans votre esprit et dans vos sentiments mêmes, les vérités de Dieu : alors, la personne divine s'intégrera à votre personne. Et pourtant, Dieu n'est pas une personne si l'on entend par là une espèce d'homme glorifié dans le ciel. On peut qualifier un tel concept d'infantilisme névrosé.

15. Affirmez certaines grandes vérités et, à force de répétitions, de foi et d'espérance, vous y croirez et les accepterez comme vérité : c'est de cette façon que la prière positive peut être exaucée. Vous ne faites ainsi que vous convaincre vous-même de la vérité de vos affirmations : après un moment, vous commencez à vous rendre compte que trois et trois font six et non sept, et tout le reste s'ensuit. Voici la prière d'invocation de Saint-Augustin, qui fut exaucée :

Laisse mon âme se reposer des tourments de ce monde sous l'ombre protectrice de tes ailes; laisse mon coeur, cette mer de vagues bouillonnantes, trouver sa paix en toi, ô Dieu.

7

La télépsychique et
la prière infaillible

Il arrive souvent que des hommes et des femmes me
disent: "Nous avons désiré certaines choses sincèrement
et avec ardeur et pourtant elles ne se sont jamais concrétisées. Nous avons prié, espéré, attendu: nous n'avons
pas été exaucés." Puis vient l'inévitable question: "Pourquoi?" La réponse c'est qu'il vous advient selon votre
foi.

Qu'est-ce que la foi?

La foi dont il est question dans le présent ouvrage n'a
rien à voir avec des croyances, des dogmes, une tradition,
des rites et cérémonies ou quelque religion précise. Considérez la foi comme une attitude mentale, une certaine
façon de penser; il s'agit d'un possible état de conscience
où vous savez que toute idée que vous éprouvez et sentez
comme vraie s'enregistre dans votre subconscient. Chaque fois que vous arrivez à imprégner les couches profondes de votre esprit d'une idée, d'un projet ou d'un
but, votre esprit concrétise l'impression enregistrée sur

l'écran de l'espace. Alors que votre subconscient est la puissance créatrice en vous, votre conscient choisit, mais ne crée pas. En fait, vous êtes la somme des choix que vous opérez. Cette vérité échappe à la plupart des gens et des millions la rejettent complètement. La foi donc, peut se définir comme un mode de pensée, une façon de croire, une adhésion mentale.

Un chimiste croit aux lois fiables de la chimie, un fermier à celles de l'agriculture et un ingénieur à celles des mathématiques. De la même manière, l'homme doit apprendre à croire aux lois de son esprit en se familiarisant avec le fonctionnement de son subconscient et de son conscient et en comprenant l'interaction de ces deux nivaux de son esprit.

L'utilisation de la prière de la foi

On peut définir la prière de la foi comme une conviction mentale de la présence en votre subconscient d'une intelligence infinie qui vous répond par le simple fait de correspondre avec cette conviction mentale en vue d'adhérer à la loi de votre esprit. Les Saintes Écritures nous disent: *"Qu'il vous advienne selon votre foi."* (Matthieu 9; 29)   *"...Si tu peux!... tout est possible à celui qui croit."*   (Marc 9; 23)

Ce qui veut dire que la sagesse et la puissance de votre subconscient agissent selon l'intensité de votre foi: croire, c'est accepter la vérité d'une chose. Le mot croire est très près du mot croître et on peut dire qu'il signifie aussi, par extension, vivre en état de croissance; en d'autres termes, vibrez aux vérités de la vie, redonnez une âme aux vérités éternelles, éprouvez profondément leur réalité et vous verrez le résultat de tout ce que votre subconscient aura incorporé.

Certaines prières sont exaucées, d'autres non. Pourquoi?

Un homme me dit un jour: "Les prières de ma femme sont toujours exaucées; les miennes, jamais. Pouvez-vous me dire pourquoi?" Il ajouta qu'il avait l'impression que, pour quelque obscure raison, Dieu lui refusait ses faveurs alors qu'il choyait sa femme à cause de ses croyances religieuses. Dieu lui dis-je, ne fait acception de personne. Apprendre à utiliser les lois de la nature est à la portée de tous et il suffit pour cela de posséder les connaissances nécessaires.

Un criminel peut, tout aussi bien qu'un athée, apprendre les lois de l'électricité et se servir de ces connaissances pour faire l'installation électrique d'une maison et l'éclairer; de la même manière, ces personnes peuvent se renseigner sur les lois de la navigation et de tout autre domaine et appliquer ces lois selon leur nature. La réponse du subconscient peut être faite tout aussi bien à un athée qu'à un saint homme, la seule exigence étant d'y croire ou d'accepter totalement la réponse.

Puisque le subconscient réagit aux opinions et convictions du conscient, un astronaute qui nie l'existence d'une présence divine pourra se rendre sur Mars, Vénus ou toute autre planète, pourvu qu'il ait suffisamment de foi et de confiance et qu'il soit persuadé que l'intelligence créatrice de son subconscient veillera à tous ses besoins.

Penser que Dieu ou l'Intelligence infinie exauce certains hommes et femmes à cause de leurs croyances religieuses serait supposer que son esprit fonctionne de la même façon saugrenue et illogique que l'esprit des hommes. Dieu, ou la puissance créatrice, a existé bien avant que l'homme apparaisse sur la terre et bien avant la formation d'une église. Ce sont les hommes qui ont inventé les différentes croyances et formes de religions, les divers rites et dogmes. Dieu est toujours le même, hier, aujourdhui et dans les temps à venir. Il est ridicule de penser que Dieu refuse quelque chose à certains pendant qu'il l'accorde à d'autres; cela serait du favoritisme, chose impensable et absolument absurde. *"...Va! Qu'il t'advienne selon ta foi..."* (Matthieu 8; 13)   Cette parole se réfère à la loi de la cause et de l'effet; cosmique et universelle, cette loi ne fait certainement pas acception de personne. Ce que croit votre conscient, c'est la cause, et l'effet, c'est la réponse de votre subconscient.

Dans son subconscient, il nie ce qu'il affirme

L'homme dont il a été question plus haut réclamait la prospérité dans ses prières, déclarant: "Dieu est ma source immédiate d'approvisionnement et en cet instant même sa richesse circule déjà dans ma vie." Mais il admettait que dans le tréfonds de son coeur, il croyait plutôt au manque et aux obstacles. En d'autres termes, ses déclarations conscientes étaient niées par l'incrédulité de son subconscient.

La raison pour laquelle les prières de sa femme étaient exaucées tenait à ce que sa foi était beaucoup plus profonde: elle croyait réellement ce qu'elle affirmait. Il lui semblait raisonnable qu'il y eut dans son subconscient une présence et une puissance impersonnelles agissant sur ses pensées et opinions courantes et réagissant de la même façon à toutes et chacune.

Il se défait d'une fausse croyance

Cet homme a appris cette vérité toute simple: la pensée devient réalité de la même manière qu'une graine devient une plante. À force de répéter la vérité dans son conscient, la fausse croyance dans le manque fut dissoute dans son subconscient. Il réalisa que la richesse est une pensée formant image dans son esprit et que toutes les choses naissent de l'esprit invisible de l'homme.

Il comprit que si l'on verse de l'eau claire, goutte à goutte et sans arrêt dans une bouteille d'eau sale, vient un moment où la bouteille semble remplie d'eau claire. Le secret réside dans la répétition. Une fausse croyance que cet homme savait fausse fut délogée par la répétition de l'idée que la richesse circulait dans sa vie allègrement et avec abondance.

Au début, il ne s'agissait pour lui que d'un énoncé rationnel où les émotions ne tenaient aucune place; mais à force de répéter cette phrase, animé du désir sincère d'y croire: "La richesse circule dans ma vie; il y en a toujours en surplus", le moment vint où les dernières réticences cédèrent de la. même manière que la goutte d'eau claire tombant régulièrement dans la bouteille en chasse jusqu'à la dernière goutte d'eau boueuse.

Une prière qui cesse d'être une prière réelle

Récemment, une femme m'écrivait qu'il lui fallait 6 000$ d'ici le 15 du mois suivant, autrement elle serait incapable de rencontrer le paiement de son hypothèque et risquait de perdre sa maison. Elle ajoutait qu'elle avait prié ardemment pour obtenir cette somme quelque part mais qu'elle n'avait essuyé que des refus partout.

Cette femme était inquiète, tendue, pleine de craintes. Je lui expliquai que son état d'esprit ne lui attirerait que d'autres pertes, manques et obstacles de toutes sortes. Comme le dit Job: *"Toutes mes craintes se réalisent et ce que je redoute m'arrive..."* (Job 3; 25) Dans les paroles suivantes, la Bible nous fournit une réponse très simple à ces craintes et tensions: *"Dans la conversation et le calme était le salut, dans une parfaite confiance était la force".* (Isaïe 30; 15)

Suivant en cela ma suggestion, elle se mit à répéter quelques-unes des grandes vérités qu'elle connaissait bien mais qu'elle avait omis jusque là de considérer. En toute confiance, elle prononça les paroles suivantes:

...Mais pour Dieu tout est possible. (Matthieu 19; 26)

...Avant même qu'ils appellent, je leur répondrai; ils parleront encore, qu'ils seront déjà exaucés. (Isaïe 65; 24)

...Qu'il vous advienne selon votre foi. (Matthieu 9; 29)

...Si tu peux! Tout est possible à celui qui croit. (Marc 9; 23)

Il m'appelle et moi je lui réponds: "Je suis avec lui dans la détresse, je le délivre et je le glorifie". (Psaume 91; 15)

Je lève les yeux vers les monts:
d'où viendra mon secours? (Psaume 121; 1)

L'esprit éveillé rend toute chose possible. (Shakespeare)

Yahvé est ma lumière et mon salut,
de qui aurais-je crainte?... (Psaume 27; 1)

Réalisant que lorsque l'esprit est en paix, la solution se présente, elle cessa tout à fait de se préoccuper de l'échéance à rencontrer et se mit à répéter les vérités ci-dessus. Elle communiqua avec l'Infini, sachant que Dieu pourvoit à tous ses besoins et constitue la source immédiate et intarissable d'approvisionnement et d'appui.

J'insistai surtout sur cette vérité toute simple que si son esprit est en paix et dans un état de divine indifférence, la solution ne saurait tarder à se manifester. Qu'est-ce que l'état de divine indifférence? Il s'agit d'un état où vous savez qu'il est impossible que votre prière ne soit pas exaucée: c'est là une chose aussi sûre que le soleil qui se lève chaque matin. Comment la réponse vous parviendra, vous l'ignorez, mais cela vous laisse assez indifférent: quelle que soit la solution, vous savez que cela ne peut être que bien et même très bien.

Elle garda cette attitude de paix en ayant présentes à l'esprit les grandes et immuables vérités. Une semaine plus tard, elle rencontra, à la pharmacie, un ancien camarade d'école. Il est veuf, elle est veuve; il la demande en mariage, elle accepte et il s'occupe de l'hypothèque. Elle ne perd rien; bien au contraire, elle y gagne beaucoup. Son subconscient a grossi et multiplié énormément les choses positives qu'elle y a enregistrées.

La crainte et les soucis attirent le manque; la foi et la confiance aux lois de votre esprit attirent tous les bienfaits de la terre. Chaque fois que vous pensez à une certaine échéance à rencontrer, rappelez-vous que cette idée entraîne habituellement une attitude de tension excessive, de préoccupation et de crainte qui ne peut qu'engendrer encore plus de pertes. Retournez à la source même de tous les biens: communiez avec l'Infini et demandez la paix, les conseils, l'harmonie, la voie à suivre et l'abondance. Gardez le contact et vous verrez que le jour finira par se lever et que toutes les ténèbres disparaîtront.

Elle a la certitude de décrocher le contrat

À la suite d'un appel téléphonique la convoquant à New York pour la signature, une actrice me dit qu'elle avait une foi absolue de décrocher le contrat qu'elle désirait. À sa descente d'avion toutefois, elle apprit que l'homme qui devait lui procurer ce contrat était mort pendant son sommeil; lorsqu'elle revint, elle était déçue et déprimée.

Je lui expliquai que la seule chose en quoi on peut avoir foi absolue est que Dieu est Dieu et que les lois de l'univers sont immuables, les mêmes aujourd'hui comme hier et jusqu'à la fin des temps; ces lois sont fiables tout comme les lois de Dieu sont inaltérables. Je lui expliquai de plus qu'elle n'avait aucun contrôle sur l'univers ni sur la vie des gens et que si l'homme qui devait lui offrir le contrat avait atteint sa dernière heure, cela n'avait rien à voir avec elle mais que par contre elle pourrait toujours être absolument certaine que Dieu est Dieu: tout-puissant, éternel et immuable.

La télépsychique à l'oeuvre

Elle changea son état d'esprit et réalisa que l'intelligence infinie de son subconscient trouverait des moyens d'exaucer ses désirs mais qu'il est impossible de connaître ces moyens. Calmement, elle déclara ce qui suit:

Je sais que l'intelligence infinie logée dans mon subconscient connaît des moyens de me procurer un con-

trat de travail d'une manière que mon intelligence
ignore. Dans la sagesse des profondeurs de mon
esprit, j'accepte maintenant tout contrat semblable
ou encore plus avantageux.

Quelques semaines plus tard, elle reçut un contrat cent
fois plus intéressant que celui qui lui avait échappé à New
York. Lorsqu'une chose semblable vous arrive, réjouissez-vous et soyez reconnaissant, sachant dans votre coeur
que l'intelligence infinie logée en vous vous réserve un
événement encore plus merveilleux et que cela se concrétisera par des voies inconnues de vous.

La télépsychique vous apprend à
accorder votre confiance à qui la mérite

Une femme brillante, cadre supérieur d'une grande
entreprise, raconte qu'elle était absolument sûre d'épouser un certain homme. Tout était prêt: la cérémonie avait
été prévue jusque dans les détails, les invitations avaient
été postées, on avait versé un accompte pour le déjeuner
de noces, mais quelques minutes avant le début de la cérémonie, son fiancé mourut subitement d'une défaillance
cardiaque.

"Pourquoi Dieu m'a-t-il fait cela?" dit-elle. En fait
Dieu n'était pas "responsable" de la mort de cet homme.
Celui-ci était libre de choisir le genre de vie qu'il désirait
mener. On apprit par la suite qu'il était alcoolique (ce que
sa fiancée ignorait), qu'il était soigné pour une maladie de
coeur et qu'il avait même fait plusieurs séjours à l'hôpital. Il lui avait caché tout cela.

Je lui fis remarquer qu'après tout, elle ne contrôlait pas
la vie de cet homme non plus qu'elle ne déciderait du

moment où il atteindrait une autre dimension; elle devait donc se réjouir de ce que la sagesse de son subconscient, qui vise toujours à la protéger, la guérir et la guider, l'ait empêchée de contracter ce mariage qui l'aurait rendue malheureuse.

Elle avait appris cette simple vérité: il n'est rien en ce monde dont on puisse être absolument certain, hormis que Dieu est Dieu et que les lois de l'univers sont immuables. Comment quelqu'un peut-il être absolument sûr d'être demain à San Francisco ou à Genève? Peut-être y aura-t-il du brouillard et dans ce cas, tous les vols seront annulés. Comment pouvez-vous être absolument certain que votre cheval gagnera la course? Peut-être tombera-t-il raide mort, victime d'un coeur défaillant. Comment pouvez-vous être absolument sûr d'épouser cette jeune fille? Peut-être mourra-t-elle cette nuit ou s'enfuira-t-elle avec un autre. Contrôlez-vous les gens et jusqu'à l'univers même?

Comme le dit un vieil hymne:

> *Autour de moi, je ne vois que changement et décadence Ô Dieu, toi qui ne change pas, reste près de moi.*

En tous temps souvenez-vous que la sagesse de votre subconscient a des façons d'exaucer vos prières par des voies que votre conscient ignore et serait même incapable d'imaginer.

La femme dont il a été question plus haut n'avait jamais prié comme il se doit pour trouver un mari. Cet homme, elle l'avait rencontré dans un bar et c'est là que leur histoire avait commencé, avec ses mensonges et cachoteries. Lorsque vous priez, vous ne devez jamais penser à un homme précis: c'est le caractère d'un homme que vous allez épouser. Ici-bas, on n'obtient pas ce qu'on veut mais ce qu'on est et on est ce que sont ses pensées.

Pour attirer le conjoint idéal, il vous faut d'abord développer dans votre subconscient les qualités que vous admirez chez un homme en pensant avec insistance aux traits de caractère qui importent pour vous. Après avoir suggéré à cette femme de la réciter matin et soir, je lui remis la prière suivante:

Je sais qu'en ce moment je ne fais qu'une avec Dieu. En lui, je vis et agis; en lui est tout mon être. Dieu est la Vie: cette Vie est la Vie de tous, hommes et femmes car nous sommes tous les enfants du même Père.

Je sais et je crois que, quelque part, un homme m'attend pour m'aimer et me chérir. Je sais que je peux lui apporter bonheur et paix. Mon idéal, il le fait sien; son idéal, je le fais mien. Je l'accepte tel qu'il est et lui m'aime comme je suis. Entre nous existe un amour mutuel, la liberté et le respect.

Il n'y a qu'un seul esprit: dès maintenant, je le rejoins et le connais dans cet esprit. En ce moment je m'unis aux qualités que j'admire et que je souhaite trouver chez mon mari; dans mon esprit, je ne fais qu'une avec elles. Dans l'Esprit Divin, nous nous aimons et nous nous adorons déjà. Je vois le Dieu en lui et lui voit le Dieu en moi. Puisque je l'ai déjà rencontré dans mon for intérieur, je dois maintenant le rencontrer à l'extérieur. Telle est la loi de mon propre esprit.

Il en sera fait selon ces paroles. Je sais qu'en Dieu il en est déjà ainsi et que tout est accompli. Merci Père.

Graduellement, ces paroles s'imprégnèrent dans son subconscient et la sagesse de son esprit profond l'attira vers un charmant jeune dentiste qui était sa véritable âme-soeur. Elle apprit à faire confiance aux lois de son esprit qui sont infaillibles. Lorsque le contenu de sa prière eut atteint son subconscient, elle s'en rendit compte car à ce moment, elle n'eut plus aucune envie de prier pour se trouver un mari. Elle était maintenant convaincue et cette conviction avait suscité la réponse immédiate.

La télépsychique vous apprend à faire face aux contretemps

Supposons que vous ayez un important rendez-vous à Boston, Toronto ou Paris et que vous soyez retardé par la brume, la maladie etc.. Vous pourriez dire que vous avez prié pour cette entrevue qu'elle serait certainement fructueuse, et que l'ordre Divin prévaudrait. Détendez-vous; branchez-vous sur l'intelligence infinie de votre subconscient et réalisez que sa sagesse intérieure trouvera une meilleure façon d'arranger cette rencontre, ou ce contrat ou quoi que ce soit. Sachant que le geste nécessaire de Dieu se manifestera, restez calme. Rappelez-vous aussi que votre esprit conscient et raisonnant ne peut prévoir comment ce geste nécessaire de Dieu se manifestera.

"... dans la sérénité et la confiance était ma force..."
(Isaïe 30; 15)

Sachez que Dieu est et sera toujours Dieu; lorsque vous affirmez et croyez que Dieu agit dans votre vie, alors tout ce qui vous arrive ne peut être que bon et même très bon. Voilà la prière qui ne manque jamais d'être exaucée.

EN RÉSUMÉ

1. La foi est une façon de penser, une attitude d'esprit. Vous croyez aux lois de l'esprit lorsque vous savez que tout ce qui s'enregistre dans votre subconscient se concrétise par des événements dans votre vie. Toute idée, bonne ou mauvaise, que vous intériorisez et que vous éprouvez comme vraie, votre subconscient l'accepte et elle se réalise.

2. Un fermier croit aux lois de l'agriculture tout comme un capitaine de vaisseau croit aux lois de la navigation: ils utilisent tous deux des principes qui existaient avant même la création de l'homme. Vous pouvez, vous aussi, apprendre les lois de votre esprit et transformer votre vie. Pensez à quelque chose de bon et il s'ensuivra du bon: pensez au manque et aux obstacles et il s'ensuivra des ennuis et des problèmes.

3. Il vous advient selon ce que vous croyez et c'est pourquoi le Dr Quimby pouvait écrire en 1847: ''L'homme est la foi faite chair.'' Croire en quelque chose c'est lui donner la forme d'une pensée dans votre esprit, c'est accepter sa vérité; vous pouvez aussi croire en une chose fausse mais vous ne pourrez prouver cette chose. Croire (croître) signifie croître dans les vérités de Dieu et imprégner votre esprit de ces vérités éternelles, transformant par là toute votre vie pour lui assurer un cadre d'harmonie, de bien-être, de paix et d'abondance.

4. Dieu ne fait pas acception de personne et ne fait pas de favoritisme. Croire que Dieu exauce certaines personnes à cause de leurs croyances religieuses relève

d'un sentimentalisme puéril. Dieu est la sagesse et la puissance universelles, accessibles à tous les hommes selon qu'ils croient en lui et l'acceptent dans leur esprit.

5. De nombreuses personnes nient inconsciemment ce que pourtant elles affirment. Ainsi par exemple un homme peut fort bien déclarer ouvertement que Dieu est sa source d'approvisionnement tout en croyant dans son subconscient au manque et à la pauvreté. Il doit changer cette croyance et méditer sur les richesses divines et la loi de l'opulence: son subconscient réagira alors selon cette nouvelle croyance consciente.

6. Lorsque vous percevrez et comprendrez cette vérité que la richesse est une pensée formant image dans votre esprit; lorsque vous répéterez constamment cette vérité que les richesses de Dieu circulent déjà dans votre vie, alors, vous délogerez la croyance de votre subconscient dans la pauvreté et des résultats se manifesteront. C'est un peu comme de verser de l'eau claire dans une bouteille d'eau boueuse: vient un moment où la bouteille est pleine d'eau claire.

7. S'il vous arrive d'être confronté au problème de devoir rencontrer une échéance, oubliez le montant en question, oubliez même la date car cette attitude mentale ne peut qu'engendrer des tensions et des inquiétudes qui à leur tour attirent les délais, les obstacles, les difficultés, suscitant ainsi encore plus d'inquiétudes dans un éternel cercle vicieux. Pensez à quelques-unes des grandes vérités contenues dans les Psaumes ou ailleurs dans la Bible et ces vérités apaiseront votre esprit; pensez que Dieu est votre source immédiate et intarissable d'approvisionnement qui

pourvoit à tous vos besoins et encore plus. Lorsque vous atteignez l'état de divine indifférence, votre prière est toujours exaucée *par des voies que vous ignorez.*

8. Le changement éternel est à la racine de toutes choses. Dieu ne change jamais. La seule chose en laquelle vous pouvez avoir une foi absolue c'est la connaissance que Dieu est Dieu, le même aujourd'hui qu'hier et jusqu'à la fin des temps. Si vous déclarez que vous avez une foi absolue que vous signerez un contrat demain avec Pierre Larue, il se peut qu'il atteigne une autre dimension; mille autres choses peuvent aussi lui arriver. Fiez-vous aussi à la puissance infinie présente dans votre subconscient pour que cela se réalise de quelque autre façon et il en sera ainsi.

9. Cessez de penser que vous contrôlez les éléments, l'espérance de vie des autres ou leur destin. Placez votre foi et votre confiance dans le Dieu/Présence intime, sachant que c'est l'action de Dieu dans votre vie et que seul le geste nécessaire de Dieu prévaudra; alors tout ce qui surviendra sera bon et même très bon. Vous pouvez avoir une foi absolue dans la bonté et l'amour de Dieu au royaume des vivants; acceptez cette vérité et vous prierez encore que déjà des choses merveilleuses se produiront.

10. Si vous priez dans l'espoir de trouver un conjoint, ne pensez jamais à un homme ou à une femme en particulier. En d'autres termes, vous ne devez jamais tenter de manipuler l'esprit de l'autre. Ce sont des traits de caractère que vous allez épouser, un certain

état d'esprit. Insistez sur les caractéristiques et sachez qu'ensuite les courants les plus profonds de votre esprit vous réuniront dans l'ordre divin.

11. Lorsque vous croyez et déclarez que c'est Dieu qui agit dans votre vie, qu'il arrive n'importe quoi, cela doit être bon et même très bon. Ce type de prière est toujours exaucé.

8

Les sources mystiques de la télépsychique et leur approche

"Car vos pensées ne sont pas mes pensées et mes voies ne sont pas vos voies, - oracle de Yahvé. -Autant les cieux sont élevés au-dessus de la terre, autant sont élevées mes voies au-dessus de vos voies."
(Isaïe 55; 8,9)

J'étais occupé à la rédaction de ce chapitre lorsque je reçus un appel téléphonique d'une femme de New York qui lisait *Psychic Perceptions: The Magic of Extrasensory Power.* Cette méthode de méditation lui avait servi à développer ses puissances intérieures et les résultats avaient été étonnants. La veille me dit-elle, elle dormait profondément lorsque son mari, décédé depuis longtemps, lui apparut en rêve; il lui dit de se réveiller immédiatement et de fermer le robinet du gaz avant que son fils ne soit asphyxié. Aussitôt, elle s'éveilla et perçut en effet une forte odeur de gaz; elle réveilla son fils puis ouvrit la fenêtre. Son geste rapide avait sans doute sauvé la vie de son fils et la sienne aussi.

Tous les soirs avant de s'endormir, elle récitait le psaume 91, cette célèbre prière de protection; son subconscient avait mis en scène une image de son mari décédé, sachant qu'elle prendrait note immédiatement de l'avertissement et ne le considérerait pas comme un simple rêve sans importance ou une quelconque divagation de l'esprit. Les voies du subconscient sont en effet bien mystérieuses.

Cette femme insista sur le fait qu'il s'agissait de son mari "mort", mais rien ne meurt vraiment en ce monde. La fleur qui s'est épanouie une fois s'est épanouie pour toujours. Nous sommes en constante communication avec tous les êtres humains qui ont déjà existé ou qui existent en ce moment, car un seul esprit est commun à tous les hommes individuellement. Même si c'est d'une autre personne que vous vient la réponse, c'est encore la sagesse du subconscient qui vous la transmet.

Nous sommes tous immergés dans un seul esprit universel et je crois que notre plus grande erreur est de croire que nous sommes à l'intérieur d'une "enveloppe psychique". Votre corps est en vous comme s'il s'agissait d'une idée et vous aurez un corps jusque dans l'éternité. Vous ne pouvez vous imaginer sans un corps et en fait cela est impossible. Cela n'est qu'une préfiguration du fait que vous aurez toujours un corps qui oscillera à des fréquences plus hautes dans la prochaine dimension de la vie.

Sa prière aggrave son état

Une femme m'a raconté qu'elle priait pour régler des tracasseries judiciaires mais il lui semblait que ses prières ne faisaient qu'aggraver la situation. En fait elle centrait toute son attention sur ses frustrations et ses craintes et elle était encore plus inquiète qu'avant de commencer à prier, preuve pour elle que l'esprit grossit tout ce sur quoi son attention se concentre.

Après notre conversation, elle changea son état d'esprit et récita la prière suivante:

Je ne suis pas seule, Dieu habite en moi et, par des voies que j'ignore, sa sagesse trouve une solution. Je m'abandonne maintenant et je laisse la sagesse de l'Infini trouver cette solution.

Elle garda une attitude positive et lorsque la crainte ou des pensées fausses envahissaient son esprit, elle disait immédiatement: "Une divine solution existe qui est l'oeuvre de Dieu."

Après quelques jours, ses craintes s'évanouirent totalement et elle ressentit une grande paix l'envahir. La parente qui avait contesté le testament en cour et qui avait fait sciemment de fausses déclarations, retira sa poursuite soudainement; quelques jours plus tard elle glissa doucement dans la dimension suivante durant son sommeil.

Votre conscient ne peut deviner de quelle façon votre prière sera exaucée car le fonctionnement de votre esprit profond dépasse votre intelligence et trouve une solution selon ses propres voies.

La réponse lui parvient d'étrange façon

Un promoteur immobilier de ma connaissance était intéressé à faire de gros investissements dans un État voisin. Chaque soir avant de s'endormir il priait pour que

Dieu le guide et l'éclaire dans tous ses projets. Après une visite à la propriété dont il envisageait l'achat, il eut un rêve très riche au cours duquel l'hexagramme 33 La Retraite (du livre *Secrets of the I Ching - Les secrets du Yi King)* lui apparut. Cet hexagramme dit: "Ce n'est pas le moment d'avancer."

Il suivit ce conseil et les événements prouvèrent qu'il avait eu raison car des membres de la pègre étaient impliqués dans la transaction. La raison pour laquelle son subconscient lui présenta l'hexagramme de la "Retraite" tient sans doute au fait qu'il était en train d'étudier le livre *Secrets of the I Ching;* dans cet ouvrage, je présente des interprétations bibliques et psychologiques des 64 hexagrammes divinatoires du *I Ching ou Book of Changes (Le Yi King ou Livre des changements)* dans une traduction de William Baynes, avec une préface de Carl Jung, maintenant décédé. Je n'ai fait que fournir des significations des hexagrammes dans une langue simple et courante. Il semble que le subconscient de ce promoteur ait décidé de lui répondre par une voie qu'il pourrait reconnaître et accepter immédiatement.

Sa prière est exaucée par des voies détournées

Un dimanche, il y a quelques semaines de cela, après une de mes conférences au Wilshire Ebell Theatre de Los Angeles où j'expose mes théories depuis plus de vingt-deux ans, une jeune femme me raconta une histoire fort intéressante. Elle étudiait la psychologie et les religions comparées à l'université locale; dans ses prières elle demandait des conseils afin de savoir si elle devait devenir pasteur. Son but était d'enseigner les lois spirituelles et mentales sans faire acception des religions. Elle avait fait un rêve très significatif: je lui apparaissais en lui désignant l'hexagramme 30 dans *Secrets du Yi King,* qui porte le nom Li / Le tenace, feu.

Dans son rêve elle lisait clairement le passage suivant de ce livre, texte qui apparaît sous "L'image" dans cet hexagramme: *La lumière d'Israël deviendra un feu...* (Isaïe 10; 17). Dans la Bible et dans le Yi King, le feu signifie l'illumination ou l'intelligence suprême de votre subconscient, qui vous révèle tout ce que vous devez savoir et vous permet de diriger ensuite cette lumière vers les autres.

À son réveil, elle consulta l'hexagramme et les mots dans son rêve coïncidaient parfaitement avec ce qu'elle lut sous "L'image" dans *Secrets of the I Ching.* Cette réponse est la bonne et c'est exactement ce que je vais faire se dit-elle. Elle comprit que son subconscient s'exprime souvent en symboles: l'eau peut être un symbole du subconscient et le feu représenter l'Intelligence Infinie ou la Passion.

Ma présence dans son rêve était un symbole de vérité à ses yeux; elle est maintenant très heureuse dans sa nouvelle orientation. Comme elle étudiait le Yi King, son rêve avait une réelle signification pour elle et était pleinement satisfaisant.

La prière devient une habitude pour lui

À Hawaï, lors d'une discussion sur la prière avec un étudiant chinois, celui-ci me dit qu'il avait basé sa technique sur un accompagnement spirituel de la prière. Il converse fréquemment avec son Moi Profond durant ce qu'il appelle de petits colloques ou entretiens entre son conscient et la Puissance divine en lui. Il s'adresse à son moi profond à peu près en ces termes:

Père, toi qui es toute sagesse, divulgue-moi la réponse, guide-moi dans mes études, dis-moi ce que je dois faire, révèle-moi mes talents. Donne-moi la sagesse et un coeur magnanime.

Parfois, dit-il, il sait à l'avance quelles questions lui seront posées à son prochain examen et il n'a aucune difficulté dans ses études. Une fois il entendit une voix intérieure lui conseiller d'étudier le Yi King, ou Livre des changements; il obéit et trouva cette lecture d'une grande aide pour la découverte de soi.

Une femme très riche, sur une des îles, lui demanda de lui lire le Yi King. Elle voulait une réponse à la question suivante: "Devrais-je subir cette grave opération que l'on me suggère?" Elle reçut l'hexagramme 30, La Terre / Feu. Ce jugement dit: "Le soin de la vache apporte la chance."

Il lui expliqua la signification de la vache, qui fait partie du symbolisme chinois. Les vaches sont des créatures dociles qui demandent beaucoup de soins; cela signifie que l'on peut s'attirer la chance en prenant soin de la vache (le subconscient). Cette femme était pleine de ressentiment, de rage étouffée et d'hostilité; elle dressa une liste de toutes les personnes qu'elle détestait et commença à déverser des bienfaits, de l'amour et de la bonne volonté sur elles. Elle se pardonna aussi d'avoir nourri des pensées destructrices. En remplissant son subconscient (en prenant soin de la vache) d'orientations positives, elle guérit de façon spectaculaire; à titre de remerciements elle fit don au jeune homme d'une somme de 5 000$ pour l'aider à poursuivre ses études. Cet étudiant chinois a découvert que la splendeur de l'Infini en lui est un compagnon spirituel d'une grande fidélité.

Aucun homme ne peut s'improviser un caractère. Il faut se pénétrer des vérités éternelles et pendant ce temps nous devenons ce que nous contemplons, dans nos pensées, dans nos paroles, dans nos actions et dans toutes les phases de notre vie.

La prière exprime aussi les désirs de votre âme

Frappé par la maladie, vous aspirez à la santé; plongé dans la pauvreté, vous désirez la richesse; si la faim vous tenaille, vous désirez des aliments et si vous avez soif, vous souhaitez de l'eau pour vous désaltérer. Si vous perdez votre route dans une forêt, vous voulez savoir comment en sortir. Vous désirez vous exprimer et découvrir votre vraie place dans la vie. Votre désir est une pulsion de vie en vous, vous rappelant le vide qui s'y trouve et que vous devriez combler. Si vous êtes inventeur, vous désirez breveter votre invention afin de la mettre en marché; vous désirez être aimé, attendu, nécessaire et utile à l'humanité.

Le désir est la cause de tout sentiment et la source de toute action; c'est le Principe de Vie cherchant à s'exprimer à des échelons supérieurs par votre intermédiaire. Le désir est la Vie cherchant à se manifester sous une forme qui n'existe encore que comme pensée imagée dans votre esprit. Le désir est la force derrière toutes choses; c'est le principe agissant de l'univers.

Rappelez-vous que le corollaire du désir est la satisfaction; le désir et la satisfaction peuvent être considérés à peu près comme la loi de la cause et de l'effet. Les Saintes Écritures nous disent: *Heureux les affamés et assoiffés de justice car ils seront rassasiés.* (Matthieu 5; 6) Heureux les affamés et les assoiffés de l'action droite, de la pensée droite, de l'attitude droite et de la vie droite en conformité avec la règle d'or et la loi de la charité.

Sa décision:
devenir une voie d'accès pour Dieu

Il y a quelques mois, je reçus une lettre d'une actrice anglaise; sans travail depuis quelques mois, elle avait l'impression que toutes les portes se fermaient devant elle. Je lui suggérai d'établir une relation droite avec la Présence Infinie en elle, de permettre à la Présence Divine de circuler en elle, laissant ainsi la sagesse et la puissance la diriger en tout.

Voici comment elle s'adressa à son moi profond:

Je m'abandonne à l'Intelligence Infinie en moi: je sais que Dieu se répand en moi sous forme d'harmonie, d'expression vraie, de beauté, d'action droite et d'activité divine. Je sais qu'il me suffit de devenir une voie d'accès et de laisser sa vie, son amour, son harmonie et ses idées créatrices se répandre en moi.

Après avoir adopté ce nouvel état d'esprit, un rôle lui fut offert dans un film tourné en France et un autre en Italie: elle joue maintenant régulièrement à la télévision de Londres et toutes les portes s'ouvrent devant elle. Par la peur, les soucis et une tension excessive, elle avait bloqué l'accès à ce qui était bon pour elle, un peu comme une personne qui, en arrosant son jardin, pose le pied sur le tuyau d'arrosage. La prière est l'oreille à l'écoute, c'est-à-dire que nous devons entendre la vérité et réaliser que Dieu qui nous a donné certains talents, nous révélera aussi la marche à suivre pour leur épanouissement. Nous devons ouvrir notre coeur et laisser l'influx de la Vie Divine se répandre en nous, réalisant ainsi que, pour Dieu, il est aussi facile de devenir harmonie, santé, paix, abondance, expression droite et amour dans notre vie que de devenir un brin d'herbe ou un flocon de neige.

La prière la guérit de ses spasmes d'origine émotionnelle

Alors que je travaillais au présent ouvrage, une femme me téléphona du bureau de son cardiologue; ce spécialiste lui disait que son coeur était tout à fait normal et que d'après lui, ses spasmes étaient uniquement d'origine émotionnelle. L'idée qu'elle était victime de magie noire semblait obséder cette femme sans raison.

À ma demande, elle me rendit visite plus tard et je lui expliquai qu'elle accordait une puissance à quelqu'un d'autre et que la seule Puissance réelle est l'Esprit Vivant en elle, seul et indivisible, que rien ne s'oppose à la toute-puissance et à l'omniscience et que, de plus, c'était ses propres pensées de peur qui lui faisaient du mal.

Je lui suggérai d'insuffler délicatement dans son esprit le contenu du psaume 27 jusqu'à ce qu'elle se défasse des idées fausses. En l'espace d'une semaine environ, elle s'était défaite de l'emprise des spasmes. Elle se conforma à la grande loi de la substitution en répétant les sublimes vérités du psaume encore et encore jusqu'à ce que son esprit se saisisse de la vérité et la libère.

L'exemple suivant est une parfaite illustration de ce procédé: prenez une bouteille d'eau boueuse et laissez-y tomber de l'eau claire, goutte à goutte. Inévitablement, vient un moment où la bouteille se trouve remplie d'eau pure.

EN RÉSUMÉ

1. En tout temps, votre subconscient cherche à vous protéger mais vous devez écouter les exhortations qu'il vous transmet. Très souvent la solution à un problème vous parvient au cours d'un rêve chargé de beaucoup de sens pour vous. Une femme me raconte que son mari, décédé, l'a prévenue en rêve que le gaz était resté allumé. Il s'agissait d'une mise en scène de son subconscient en réponse à sa récitation quotidienne de la prière de protection qu'est le psaume 91.

2. Quand vous priez, ne centrez pas votre attention sur vos préoccupations. Concentrez-vous plutôt sur la solution, persuadé que la réponse vous sera fournie par la sagesse de votre subconscient, selon des voies que vous ignorez. Cultivez un état d'esprit positif et si des craintes se font jour, supprimez-les par votre foi en Dieu et en toutes les choses bénéfiques.

3. Prenez la bonne habitude de prier régulièrement pour que Dieu vous guide et vous inspire dans toutes vos actions. Si vous étudiez la Bible ou les *Secrets du Yi King* vous découvrirez que souvent votre subconscient vous répond au moyen d'une phrase des Proverbes ou vous indique un hexagramme précis porteur de la réponse parfaite.

4. En rêve, une étudiante reçut l'hexagramme 30 des Secrets du Yi King en réponse à sa question: "Devrais-je étudier pour devenir pasteur?" Les paroles d'Isaïe, 10; 17, accompagnaient cet hexagramme: *"Et la lumière d'Israël deviendra un feu"*. Dans la Bible et dans le Yi King, le feu symbolise la lumière et l'illumination. C'était un signe pour elle de diriger cette lumière vers les autres: elle étudie maintenant les lois mentales et spirituelles et elle est des plus heureuses.

5. Un étudiant chinois poursuit ce qu'il appelle des colloques fréquents avec son Moi Supérieur. Son approche est très simple: "Père, toi qui es toute sagesse, révèle-moi la réponse, guide-moi dans mes études et dis-moi ce que je dois faire." Il lui est arrivé souvent de voir à l'avance dans son sommeil les questions d'un examen. Il reçoit son inspiration et la signification des symboles du Yi King et cela lui a rapporté de fortes sommes d'argent.

6. La prière est le désir sincère de l'âme. Le désir est la cause de tout sentiment et de toute action, le Principe de Vie cherchant à s'exprimer à des échelons supérieurs par votre intermédiaire. Croyez que le Principe de Vie en vous qui alimente votre désir vous révèle aussi la marche parfaite à suivre pour qu'il se réalise dans l'ordre divin: votre subconscient vous révélera le plan parfait en vue de sa satisfaction.

7. Si vous êtes sans travail, abandonnez-vous à la présence divine en vous: décidez de devenir une voie d'accès pour le passage de l'Infini en vous. Dites-vous: "Dieu se répand en moi sous forme d'harmonie, de beauté, d'amour, de paix, d'action droite,

d'expression vraie et d'abondance. Je sais qu'il est aussi facile à Dieu de devenir toutes ces choses dans ma vie que de devenir un brin d'herbe ou un flocon de neige.'' Faites de cette récitation une habitude et toutes les portes s'ouvriront pour vous. Retirez votre pied du tuyau d'arrosage et laissez l'eau se répandre.

8. Prenez une bouteille d'eau boueuse et laissez-y tomber de l'eau claire, goutte à goutte; vient un moment où la bouteille est remplie d'eau pure. De la même manière, lorsque vous avez un spasme de frayeur d'origine émotionnelle, insufflez les hautes vérités du psaumes 27 dans votre esprit et à mesure que vous le remplissez, les pensées de peur seront neutralisées et détruites et votre esprit recouvrera la paix. Il s'agit là de la grande loi de la substitution.

9

La télépsychique:
une réponse de la quatrième
dimension à la prière

L'homme a toujours été fasciné et intrigué par ses rêves: dans l'Antiquité on les croyait des messages des dieux ou encore des voyages de l'âme vers des pays lointains. La quatrième dimension de la vie, c'est là où vous vous rendez chaque nuit pendant votre sommeil.

Au 19e siècle, des spécialistes ont prétendu que les rêves n'étaient que l'accomplissement des désirs refoulés, sexuels ou autres. Les professeurs Carl Jung et Sigmund Freud croyaient pour leur part que tous les rêves avaient une signification profonde et étaient importants en tant que mise en scène des désirs enfouis et des frustrations.

Personnellement toutefois, j'ai constaté, au cours de conversations, échanges de correspondance ou entrevues avec des gens de diverses religions et cultures, que plusieurs de ces personnes faisaient des rêves très conformes à la réalité et y trouvaient même la réponse à de graves problèmes.

Un rêve lui permet de retrouver son diamant

Une femme me racontait récemment quel choc elle avait eu, lorsqu'elle s'aperçut en retirant ses gants dans le bureau du médecin, que sa bague avec un diamant de cinq carats avait disparu. Elle chercha fébrilement partout: sur la rue qu'elle venait de traverser, dans sa voiture, sa maison, son jardin; elle avait l'impression de chercher une aiguille dans un tas de foin.

Je lui suggérai une technique infaillible très ancienne et très simple: elle devait imaginer qu'elle portait la bague, qu'elle était là réellement à son doigt. Toujours en imagination, elle devait faire le geste d'enlever la bague et de la ranger dans son coffre à bijoux comme elle avait coutume de le faire chaque soir, puis, elle devait s'endormir en récitant sa prière préférée: "Merci Père": par cette prière, elle manifestait sa reconnaissance pour la découverte de sa bague, persuadée que dans l'esprit de l'Infini, rien ne peut se perdre.

Le troisième soir, alors qu'elle dormait profondément, elle vit très clairement dans la chambre de la bonne, sa bague, enveloppée d'un papier, dissimulée dans une vieille chaussure appartenant à celle-ci. Elle s'éveilla en sursaut, courut à la chambre de la bonne et trouva le diamant à l'endroit exact entrevu dans son rêve. La bonne prétendit d'abord qu'elle n'y comprenait rien, qu'elle ne voyait pas comment la bague avait pu se trouver dans sa chaussure, etc., mais plus tard dans la journée, elle finit par avouer qu'elle l'avait bien volée de même que cinquante pièces de monnaie d'une grande valeur.

Voilà une nouvelle preuve de la puissance de multiplication du subconscient: il lui avait donné non seulement la réponse mais encore bien plus.

Un enfant transforme sa vie

Une institutrice mariée à un athée depuis de nombreuses années et qui partageait certaines de ses idées, sombra soudain dans une profonde dépression. Un psychiatre consulté lui prescrivit des tranquillisants. Elle me raconta qu'elle avait été élevée chez les religieuses et que jusqu'à son mariage, elle avait été très croyante. Son mari, non content de se moquer de toutes les religions, prétendait de plus que l'homme n'est qu'un agglomérat d'atomes, que nos pensées sont secrétées par le cerveau, etc. Pour avoir la paix, elle faisait mine de penser comme lui mais en fait il n'en était rien. Ses médicaments créèrent une accoutumance chez-elle et provoquèrent aussi des effets secondaires: elle se rendit compte alors que son mal n'était pas physique.

Un matin, elle m'entendit à la radio parler des esprits dépourvus de tout sens spirituel et des maladies mentales causées par des demi-vérités ou toutes sortes de théories en "isme". Tous les matins, pendant deux semaines, elle capta l'émission puis au cours de la troisième semaine, elle se mit à faire le même rêve à tous les soirs: dans ce rêve, dont elle se rappelait tous les détails, un petit garçon avec un halo autour de la tête lui apparaissait et lui faisait signe de venir vers lui. Comme elle s'approchait pour l'embrasser il s'enfuyait et, dans son rêve, elle n'arrivait pas à le rattraper. Cette scène se répéta six soirs de suite et au cours du septième rêve, l'enfant lui dit: "Quand tu me rattraperas, tu seras guérie" puis il disparut.

Je lui expliquai que les recherches de Carl Jung lui avaient permis de découvrir dans l'inconscient collectif de l'humanité certaines images caractéristiques communes à tous les peuples. Des personnes vivant à différentes époques dans différents pays avaient rêvé d'un "enfant lumière", de "sage", de la Madonne, d'une figure de mère, de cercles, de croix, de serpents, de mandolas (un carré dans un cercle) de la rose blanche et de beaucoup d'autres symboles.

L'enfant lumière avec un halo ou un nimbe autour de la tête était une de ces images typiques l'incitant à se tourner vers Dieu à nouveau. La Présence Divine, la Puissance Profonde ou le Concept Spirituel sont désignés dans la Bible sous le personnage de l'enfant: votre prise de conscience de la Puissance en vous et votre décision de la contacter et de l'utiliser, voilà ce qui lui donne vie.

Intuitivement, je savais que l'apparition de l'enfant avec le halo (Symbole de lumière ou d'illumination) signifiait qu'elle communierait à nouveau avec la Divine Présence en elle; c'est exactement ce qu'elle fit et lorsque l'enfant lui apparut de nouveau en rêve, elle put enfin l'embrasser.

Le premier ouvrage qu'elle étudia fut: La puissance de votre subconscient:* sa lecture et l'application des principes qui s'y trouvent ont complètement changé sa vie. Son mariage, rien d'autre en fait qu'une farce et une imposture, fut dissous.

* Publié aux éditions Un monde différent ltée.

Elle échappe à la solitude

Désespérément seule à la suite de la mort de son mari et de ses deux enfants dans un accident d'avion, une veuve réussit à échapper à la solitude en méditant deux ou trois fois par jour les grandes vérités du psaume 23.

Une nuit, était-elle éveillée ou endormie, elle n'en sait rien, elle entendit une voix intérieure lui dire très distinctement: "Réponds aux besoins des autres." Elle se réveilla en sursaut, sortit de son découragement et de sa mélancolie et se dit: "Je suis infirmière après tout, voilà justement ce que je vais faire."

Le lendemain elle se présenta à l'Hôpital des Anciens Combattants et rendit visite à plusieurs malades; elle écrivit des lettres pour rendre service à certains, en réconforta plusieurs d'un mot d'encouragement, lut des psaumes pour d'autres. Elle y retourna pendant une semaine et devint débordante d'amour et de compassion; ses visites semaient la joie partout. Elle reprit ses fonctions d'infirmière à plein temps et maintenant c'est une transfusion de foi et de confiance que reçoivent les personnes sous ses soins. Elle répond vraiment aux besoins des autres. La voix qu'elle avait entendue était celle de l'intuition: il arrive souvent que les suggestions profondes du subconscient se manifestent sous la forme d'une voix, inaudible pour tous sauf l'intéressé.

Il y a des milliers d'années, les Upanishads (ensemble de textes sanscrits de nature philosophico-religieuse) enseignaient que "dans ses rêves, l'homme devient un créateur." Le grand écrivain Robert Louis Stevenson, troublé par la dualité de la nature de l'homme, vit dans un rêve émanant de son subconscient, l'intrigue qu'il développa plus tard dans un ouvrage *Dr Jekyll et M. Hyde*. De la même manière, Elias Howe éprouvait quelque difficulté à mettre au point une machine à coudre: alors qu'il réfléchissait à ce problème, son subconscient lui répondit en rêve, lui indiquant l'endroit exact où placer le chas de l'aiguille.

Son associé est invisible

Un vieil ami à moi, qui a merveilleusement réussi en affaires et à qui il arrive souvent de brasser pour plus de 500 000$ d'actions et d'obligations me dit un jour: "Tu sais Murphy, pour moi 500 000$, ce n'est qu'une goutte d'eau comparée à mes investissements habituels''. Cet homme me raconta que toute sa vie est dirigée par un guide invisible et qu'il entend une voix intérieure l'inciter à faire certains investissements ou dire ''non'' pour certains autres. Il récite fidèlement cette prière depuis son enfance: *"Je ne crains aucun mal, car tu es près de moi''*. (Psaume 23; 4)   Dieu est mon associé et guide invisible et j'entends clairement la voix intérieure me dire ''oui'' ou ''non''.

De toute évidence, il avait conditionné son subconscient de telle manière qu'il percevait les suggestions et prémonitions de son moi profond comme une voix intérieure qu'il était le seul à entendre. Il s'agit ici de ''claire audition'' ou de l'audition claire des prémonitions du moi profond.

Un alcoolique trouve la paix intérieure et la liberté

Il y a quelques mois j'ai rencontré un alcoolique, dont la femme et les fils étaient tous morts de cancer; il était mélancolique et très déprimé. Je lui expliquai que la première étape vers la guérison était un désir sincère de renoncer à l'alcool: il était tout à fait de mon avis. Ensuite, ajoutai-je, il devait prendre conscience de la puissance intérieure qui l'habite et qui peut le délivrer de toute envie de l'alcool et le forcer à se libérer de son accoutumance.

Je lui suggérai de pratiquer la très simple technique suivante: il doit imaginer que je le félicite d'être redevenu sobre et d'avoir recouvré la paix de l'esprit. Il fit cela durant environ cinq minutes, trois fois par jour et pendant deux semaines environ. Un soir, sa femme et ses deux fils lui apparurent en rêve et lui dirent: "Papa, nous voulons que tu vives car nous t'aimons. Nous sommes heureux dans notre nouvelle vie: ne pleure pas sur nous."

Ce rêve l'impressionna si profondément qu'il guérit instantanément. Il me dit: "Je suis libre; je jouis d'une paix et d'une sérénité d'esprit que je n'avais jamais ressenties auparavant. Je suis plein de gratitude."

La Sainte Bible nous dit: *"Réconcilie-toi avec lui et fais la paix."* (Job 22; 21) Cet homme s'était familiarisé avec la puissance de sa pensée et de son imagination à laquelle son subconscient avait réagi d'une façon qui lui avait apporté la liberté immédiate et la paix de l'esprit.

Perdu dans la jungle du Vietnam, il en sort sain et sauf

Je rencontrai récemment un jeune sergent de l'armée américaine. Son avion ayant pris feu lors d'une mission au Vietnam, il dût s'éjecter de son appareil avec des camarades: il atterrit dans la jungle complètement perdu, sans aucune trace de ses amis. Il récita les seuls passages dont il se souvenait du psaume 91 appelé le grand psaume de la protection.

Dit à Yahvé: mon rempart, mon refuge, mon Dieu en qui je me fie! (Psaume 91; 2)

Il remarqua que pendant la récitation de ce verset sa peur avait disparu. Puis il se passa une chose très étrange: son frère, mort au combat l'année précédente, lui apparût soudain, revêtu de son uniforme, et lui dit: "Suis-moi." Il le conduisit sur les pentes d'une colline et ajouta: "Reste ici jusqu'au matin et tu seras sauvé." Puis il disparut. Le lendemain, au lever du jour, une patrouille découvrit le jeune soldat et il fut ramené au camp en avion.

Cet homme avait surmonté sa peur et son subconscient avait réagi par le biais du fantasme de son frère, sachant qu'il lui obéirait sans hésitation et serait prêt à le suivre; son subconscient savait aussi où se trouvait la patrouille qui pourrait venir à son secours.

Les voies du subconscient sont indéchiffrables. Rappelez-vous que votre subconscient répond à sa façon à votre prière confiante.

... "Qu'il vous advienne selon votre foi." (Matthieu 9; 29)

Une explication la sauve du suicide

Une jeune mère très déprimée qui avait perdu deux fils au Vietnam me demanda un jour quelles raisons pouvaient l'empêcher de se suicider. Je lui fis cette réponse très simples: "Le problème est dans votre esprit. Vous n'êtes pas qu'un simple corps mais aussi un être mental et spirituel. Votre corps est une idée de votre esprit et vous serez dotée d'un corps jusqu'à la fin des temps. On ne règle pas ses problèmes en s'enfuyant de Los Angeles à Boston. Vos problèmes vous suivent partout et se jeter en bas du pont ne servirait à rien. Faites face au problème dans votre tête et réglez-le là. Aucun problème n'a assez de force pour vous écraser.''

Je lui expliquai qu'il est possible à l'homme de s'évader de son corps actuel et de se rendre à des milliers de kilomètres de là, que l'homme dispose de facultés visuelles, auditives et tactiles en dehors de son corps. Il peut voir et être vu, il peut traverser des portes fermées et observer tout ce qui se passe autour de lui et au même moment voir son propre corps allongé sur un divan chez-lui. Il a revêtu un corps de la quatrième dimension, aussi appelé corps astral.

J'insistai sur le fait que des hommes de science ont décrit ces excursions de l'homme à l'extérieur de son corps. Je fis allusion aux expériences et aux recherches du distingué Docteur Hornell Hart, maintenant disparu, et autrefois collaborateur du Docteur J. B. Rhine de l'université Duke: il avait étudié de nombreux cas de personnes ayant vécu des expériences à l'extérieur de leur corps.

Cette femme commencait à réaliser de façon tant intuitive que rationnelle qu'une fois à l'extérieur de son corps, ses problèmes ne s'envoleraient pas pour autant, mais seraient les mêmes qu'en ce moment puisque son nouveau corps astral, bien que beaucoup plus atténué et raréfié, ne règlerait aucun problème. Elle serait toujours aussi frustrée et inquiète dans son nouveau corps car il réagirait à ses pensées et à son imagination négatives.

Son complexe suicidaire résultait d'un intense désir de liberté et de paix de l'esprit. Ce qu'elle voulait réellement était une plus grande expression de sa vie, puisqu'il n'existe pas de fin véritable de la vie. Elle désirait surmonter l'obstacle ou la difficulté d'une dépression aiguë et de la mélancolie.

Je lui fis remarquer que ses deux fils se trouvaient maintenant dans une autre dimension et avaient droit de sa part à des pensées de paix, d'amour, de joie et de bonne volonté et non à des radiations de mélancolie, de chagrin et de tristesse. Tout deuil prolongé n'est toujours qu'égoïsme morbide car l'amour libère et se réjouit du bonheur et du bien-être de l'autre.

Elle décida de retourner au travail immédiatement et de remettre ses fils à la Présence Divine.

À chaque fois que sa pensée se tourne vers eux elle déclare: ''Je sais que là où vous êtes, Dieu se trouve aussi et que son amour remplit votre âme. Que Dieu soit avec vous''.

À mesure qu'elle pratiquait cette thérapie spirituelle elle sentit s'intensifier dans sa vie la présence de l'Esprit et elle recouvra sa vitalité avec la paix de l'esprit.

> *...Il pait son troupeau parmi les lis (la parole de Dieu). Avant que souffle la brise du jour et que s'enfuient les ombres...*
>
> (Le Cantique des Cantiques 2; 16,17)

EN RÉSUMÉ

1. La quatrième dimension de la vie, c'est l'endroit où vous vous rendez chaque nuit pendant votre sommeil. Les rêves et leurs symboles peuvent vous apporter la réponse aux problèmes les plus angoissants. Plusieurs personnes font des rêves tout à fait conformes à la réalité et voient leurs rêves se réaliser.

2. Une femme avait perdu une bague à diamant d'une grande valeur et l'avait cherchée en vain partout. Dans son imagination elle se mit à la porter, à la sentir réellement à son doigt. Avant de s'endormir, elle répétait chaque soir: "Merci Père". Cette prière signifiait pour elle qu'elle avait déjà retrouvé sa bague. Quelques jours plus tard, elle vit clairement dans son sommeil où était la bague et la retrouva dissimulée dans une vieille chaussure de sa bonne.

3. Une femme pratiquante qui avait épousé un athée se sentait très frustrée; elle étouffait sa colère envers son mari qui ne cessait de ridiculiser toutes les religions. Son subconscient vint à son aide dans un rêve, lui désignant l'enfant lumière, symbole de la reconnaissance de la Présence Divine en elle. Intuitivement elle en saisit le sens et communia à nouveau en esprit et en pensée avec la Divine Présence en elle; par la suite sa guérison fut complète. Son mariage, rien d'autre en fait qu'une imposture, fut dissous.

4. Une femme surmonte sa solitude en méditant sur le psaume 23. Sous la forme d'une voix intérieure, son subconscient lui dit: "Réponds aux besoins des autres." Comme elle était infirmière, elle retourna au

travail et assura une réconfortante transfusion de foi, d'amour et de confiance à tous ses malades. Toute tristesse et tout découragement ont maintenant disparu. Elle se sent nécessaire, aimée et appréciée. *"Tes oreilles entendront une parole prononcée derrière toi: "Telle est la voie, suivez-là"*... (Isaïe 30; 21)

5. Il y a des milliers d'années, on pouvait lire dans les Upanishads: "Dans ses rêves l'homme devient un créateur." Le grand écrivain Robert Louis Stevenson troublé par la dualité de la nature de l'homme reçoit en réponse dans son rêve, l'intrigue d'un livre qui, publié sous le titre *Dr. Jekyll et M. Hyde,* fut traduit dans toutes les langues.

6. Un multimillionnaire qui faisait régulièrement de très gros investissements me dit que toute sa vie était dirigée par un guide invisible. Il entend une voix intérieure lui dire "Oui" pour certains investissements et "Non" pour d'autres. Pendant des années, il a conditionné son subconscient à réagir de cette façon. Il récite fidèlement cette prière: "Dieu (l'Intelligence Infinie) est mon associé et guide invisible et j'entends la voix intérieure me dire clairement: "Oui" ou "Non". *"Que votre langage soit "Oui"? oui", Non? non".* (Matthieu 5; 37)

7. Un alcoolique qui désirait sincèrement se défaire de cette habitude, se trouva guéri après avoir pris une décision catégorique car son subconscient avait réagi à cette décision sans appel. Il utilisa la simple technique qui consistait à imaginer que je le félicitais de sa liberté, de sa paix de l'esprit et de sa sobriété. Il fixa son attention, se laissa aller et dans ce contexte

détendu il savait que l'image mentale qu'il intério-risait et qu'il savait vraie, s'enregistrerait dans son subconscient et se concrétiserait. Celui-ci lui répondit d'une façon originale plutôt théâtrale: sa femme et ses deux enfants décédés lui apparurent en rêve et lui dirent: "Papa nous voulons que tu vives. Nous sommes très heureux là où nous sommes". Cette réponse parvenue de la quatrième dimension l'impressionna beaucoup et il se sentit guéri sur le champ.

8. Un sergent de l'armée américaine, perdu dans la jungle au Vietnam se mit à prier, récitant cet unique verset du psaume 91: *"Dit à Yahvé: Mon rempart, mon refuge, mon Dieu en qui je me fie"*. (Psaume 91; 2)   La réponse de son subconscient fut assez spéciale: son frère décédé lui apparût, vêtu de son uniforme de soldat et le dirigea vers un endroit sûr, lui disant que là il était en sécurité. Le lendemain matin, une patrouille découvrit le jeune soldat et il fut ramené au camp en avion. Les voies du subconscient sont vraiment indéchiffrables.

9. Déprimée par la mort de ses deux fils au Vietnam, une mère était tentée par le suicide; elle croyait qu'en se jetant du haut d'un pont elle se guérirait de sa dépression. Elle apprit qu'elle aura un corps indéfini-ment, qu'elle ne fait pas que vivre dans un corps, mais que celui-ci est une idée ou mode d'expression pour son esprit. Le problème se trouvait dans sa tête: la tentation du suicide c'était un désir de liberté, et non d'en finir avec la vie, ce qui ne pouvait pas se réa-liser. Elle comprit rapidement que c'est dans son esprit qu'elle devait faire face à son problème et le régler, car où que l'on aille, l'esprit va aussi. Elle

remit ses enfants à Dieu et pria pour eux régulièrement par des radiations d'amour, de paix, d'harmonie et de joie à leur intention. Chaque fois que sa
pensée se tourne vers eux, elle leur adresse une bénédiction muette: ''Dieu vous aime et vous garde.'' Elle
a recouvré sa vitalité avec la paix de l'esprit. *''Réconcilie-toi avec lui et fais la paix.''* (Job 22; 21)

10

La télépsychique déclenche les puissances profondes de votre esprit

Pendant la rédaction de ce chapitre j'eus une conversation fort intéressante avec un colonel de l'aviation américaine, maintenant à la retraite. Il me parla d'un article qu'il avait lu il y a quelques années, dans lequel le docteur E.A. Rawson citait le cas d'une de ses étudiantes: après avoir vu en rêve l'endroit où se trouvait un avion en flammes dans lequel deux hommes périssaient brûlés, cette femme se rendit à cet endroit avec une amie et toutes deux se mirent à prier. Un avion apparut qui était bien la proie des flammes mais les deux hommes furent sains et saufs.

Ce compte-rendu avait fait la plus vive impression sur lui; il prit connaissance de la présence de forces supérieures dans son esprit, capables de le sauver au milieu d'un incendie ou de n'importe quel désastre.

Il établit le contact avec son moi profond et a la vie sauve

Alors qu'il se trouvait dans la zone des combats au Vietnam, son avion fut attaqué et explosa en plein vol: cerné par les flammes, le colonel réussit à s'éjecter et pas un seul cheveu de sa tête ne fut même roussi; il savait, me dit-il, lorsque son avion prit feu, qu'il ne serait pas blessé. Il se prouva ainsi à lui-même que dans les plus hautes dimensions de l'esprit, le feu ne peut atteindre l'homme qui devient à l'épreuve de tout mal. Il ne fait aucun doute qu'il avait atteint ce degré d'immunité en réfléchissant sur l'article déjà mentionné.

Lorsqu'on lit dans l'Épitre aux Romains, au chapitre 8, verset 31, *"Si Dieu est pour vous, qui sera contre vous?"* c'est de la télépsychique qu'il est question, cette communication avec les puissances infinies de votre subconscient.

Les hindous marchent sur des charbons ardents sans être brûlés

Dans le journal Enquirer j'ai lu un article de Jack Kelley dont je vous livre l'extrait suivant:

> *Depuis des siècles les fakirs hindous médusent par leurs exploits: défiant la nature, ils marchent pieds nus sur des charbons ardents... Au festival annuel de Thaipsam à Singapore, où des centaines de personnes se livrent à cette épreuve, le docteur Narasionhala Ramaswami a expliqué à l'envoyé de l'Enquirer que, depuis plus de 18 ans qu'il examinait les personnes qui marchent sur les flammes, il n'avait jamais constaté aucune brûlure ou blessure quelconque sur elles.*

Cela tient à des raisons moitié mystiques moitié scientifiques dit-il. La partie mystique est reliée à la foi; il s'agit des puissances de l'esprit. Ces personnes se persuadent profondément qu'elles ne ressentiront aucune douleur, et c'est ainsi que les choses se passent.

L'Enquirer a rencontré Gopala Krishman, 19 ans, de Singapore. Voici sa déclaration: "Avant cette épreuve, nous devons jeûner. Nous couchons dans le temple et n'avons aucun contact avec nos familles. Nous prions constamment et d'une façon si intense que nous nous mettons en état de transe. Notre foi est si profonde qu'elle nous protège de la douleur, de toute blessure, de toute atteinte."

Reliez votre pensée à la Puissance Infinie

On dit souvent que les idées mènent le monde. C'est le philosophe Emerson qui disait: "Les idées n'appartiennent qu'à ceux qui peuvent les alimenter." Apprenez à avoir une attitude saine à l'égard de vos pensées car votre santé, votre bonheur et votre sécurité dépendent en grande partie de votre conscience de la puissance des idées.

Les idées, que l'on pourrait qualifier de vibrations mentales douées de puissance, existent réellement et ont la faculté de se concrétiser. Vos faits et gestes ne sont que la manifestation extérieure de vos pensées: si celles-ci sont judicieuses, vos actions le seront aussi. Shakespeare a dit: "Nos pensées sont à nous; mais parfois elles passent la portée de notre esprit."

Tout ce que vous ressentez comme vrai, votre subconscient le réalisera: votre destin est l'enfant de vos pensées. Quant vous "sentez" réellement quelque chose, c'est que cela vous intéresse. Voilà tout le sens de cette phrase de la Bible: "Car le calcul qu'il fait en lui-même, c'est lui"... (Proverbes 23; 7).

Si vous vous intéressez profondément à votre travail, à votre profession ou à une mission particulière, vous réussirez car vous le faites avec coeur. Vos pensées vont au fond des choses, ont une existence concrète que vous sentez vous-même; en d'autres termes "tout votre coeur est dans vos pensées."

Un détective capte son subconscient

Lorsque je dirigeai un séminaire sur "Les aspects profonds de la vie," à bord du navire de croisières Princess Carla, j'eus l'occasion d'avoir une conversation des plus intéressantes avec un détective. Affecté à l'escouade des narcotiques d'une ville de l'Est des États-Unis, il soupçonnait trois hommes de se livrer à la contrebande de la cocaïne et de l'héroïne sur une grande échelle; cependant, ni lui ni ses collègues n'arrivaient à trouver la moindre preuve et l'enquête piétinait.

Un soir, alors qu'il s'évertuait à trouver une solution, il implora des lumières pour que lui soit révélée la cachette des narcotiques. Il s'endormit en répétant ces mots: "Mon subconscient me fournit les preuves nécessaires." Il fixa son attention sur le mot "preuve", le répétant comme une berceuse "preuve, preuve, preuve". Cette nuit-là, il fit un rêve très clair dans lequel il voyait les trois hommes dans un garage: il voyait le nom du garage, l'adresse et même l'endroit où se trouvaient les drogues. Il se leva d'un bond, fit préparer le mandat de perquisition, réunit ses camarades et livra l'assaut au garage où il découvrit la cocaïne et l'héroïne à l'endroit exact entrevu dans son rêve: la saisie avait une valeur de trois millions de dollars.

Ce détective avait réussi à imprégner son subconscient de l'idée de la *preuve* et comme celui-ci ne raisonne que de façon déductive, il lui fournit une réponse parfaite. Votre subconscient abrite une intelligence infinie et une sagesse sans limites et ne connaît que la réponse.

Cet homme raconte que son superconscient veille sur lui et que souvent, il entend une voix intérieure lui dire les endroits où aller et ceux à éviter; ce phénomène s'appelle la "claire audition" ou la faculté d'entendre les suggestions intérieures de son esprit profond. Le mot *superconscient* désigne le JE SUIS CELUI QUI EST ou la Présence de Dieu qui se trouve dans votre subconscient. Ce qui revient à dire que toutes les puissances, les qualités et les aspects de Dieu sont logées dans les couches profondes de votre subconscient et donc chaque fois que j'utilise le terme "subconscient" dans le présent ouvrage, je donne à ce terme une acception très vaste qui comprend non seulement la loi de Dieu, mais aussi toutes ses qualités et puissances.

Ceci simplifie la lecture et vous n'avez pas à vous encombrer d'une kyrielle de mots tels que le conscient, l'esprit subjectif ou subliminal ou superconscient ou encore l'inconscient collectif, l'esprit universel.

De nombreuses personnes
sont clairentendantes

Socrate, que l'on a appelé le plus sage des hommes, fut guidé tout au long de sa vie dans cette dimension par une voix intérieure à laquelle il croyait implicitement. "Ne dites pas que Socrate est enterré, déclara-t-il à ses disciples. Dites que vous avez enterré mon corps." Il avait compris que l'homme est un être mental et spirituel, que son âme (l'Esprit) est immortelle et que la somme de ses connaissances est impérissable.

Socrate a si souvent fait allusion à cette voix d'avertissement lui parlant à l'oreille que nous dirions, de nos jours, qu'il est clairentendant. Il s'agissait sans doute là d'un pressentiment intime de son subconscient qui l'incitait régulièrement à faire et à dire ce qu'il fallait.

Un jeune étudiant japonais m'a raconté que, devant prendre un avion à Los Angeles qui fut plus tard détourné par des pirates de l'air, il avait entendu distinctement une voix intérieure lui dire: "N'y va pas". Il obéit et s'épargna ainsi une épreuve des plus pénibles doublée d'un retard.

La télépsychique la guérit de sa névrose d'anxiété

J'ai rencontré récemment une femme dont le médecin lui avait fait part qu'elle souffrait d'une "névrose d'anxiété" ce qui, en langage simple, signifie de l'inquiétude chronique. Je lui suggérai de communiquer régulièrement avec son Moi Profond, ou l'Esprit Vivant Tout-Puissant ou Dieu logé dans les couches profondes de son propre subconscient: les résultats ne se feraient pas attendre. Je lui expliquai ce qu'est la télépsychique: il s'agit simplement de contacter toutes les puissances de Dieu en elle. Dès le moment où elle serait branchée avec sa pensée, ces puissances se manifesteraient de façon agissante dans sa vie.

Elle eut recours à la technique suivante pour se défaire de sa névrose d'anxiété. Tout d'abord, elle communiqua avec son Moi Profond trois ou quatre fois par jour, persuadée de recevoir une réponse inévitablement. Elle répéta les vérités suivantes avec ardeur et émotion:

> *À la vérité, c'est un esprit dans l'homme, c'est le souffle de Shaddaï qui rend intelligent.* (Job 32; 8) *Cette Puissance Ultime est en moi et le cercle sacré de l'amour divin et éternel m'entoure. La rivière divine de la paix m'inonde. L'amour divin remplit mon âme. Mon esprit se remplit de paix et d'équilibre. Dieu guide chacun de mes pas. J'ai foi en Dieu et je crois en ses bontés. Je vis dans l'attente joyeuse qu'il ne peut m'arriver que du bien. Si la peur se glisse dans mon âme, aussitôt je dirai: "Mon âme glorifie le Seigneur"... car ce n'est pas un esprit de crainte que Dieu nous a donné mais un esprit de force, d'amour et de maîtrise de soi.* (11 Timothée 1; 7)

Mentalement et émotionnellement elle adhéra à ces vérités; le secret de sa prière tenait à ce que lorsque des pensées de crainte l'assaillaient, aussitôt elle leur substituait des pensées de Dieu telles que ''Mon âme glorifie le Seigneur''. À mesure que cela devint une habitude chez elle, la crainte et les soucis perdirent de leur intensité et elle trouva la paix. Elle a surmonté ses craintes en communiant aux vérités de Dieu qui sont toujours les mêmes aujourd'hui comme hier et jusqu'à la fin des temps.

Sa foi en Dieu sauve la vie de son mari

Lors d'un récent voyage à la ville de Mexico, j'ai revu un ami de longue date, spécialiste de l'acupuncture qui obtient ce qu'il appelle des "résultats miraculeux" avec ses malades. Pendant que je l'attendais dans le lobby de l'hôtel une femme se présenta à moi en disant: "Oh! je vous reconnais. J'ai vu votre photo dans *les Secrets du Yi King* que je consulte régulièrement. C'est un vrai chef d'oeuvre!" Puis elle se mit à me raconter une extraordinaire expérience de préconnaissance (voir un événement avant qu'il ne se produise).

Pendant deux nuits consécutives, elle vit en rêve un homme viser son mari avec un fusil et le tuer d'une balle. Elle prit d'abord cela pour un cauchemar et elle s'éveilla tremblante de peur. Elle consulta les *Secrets du Yi King* et demanda quoi faire: la réponse lui vint dans l'hexagramme 24 qui dit:

> *... Dans la conversion et le calme était votre salut, dans la sérénité et la confiance était votre force.* (Isaïe 30; 15) *Si tu reviens à Shaddaï en humilité, tu seras sauvé.* (Job 22; 23) *Ceci signifie qu'à mesure que vous vous alignez sur la Présence Infinie en vous, cette Puissance se manifeste de façon agissante dans votre vie. C'est dans cette communion avec Dieu que vous éprouverez la force, le soutien et l'amour de Sa Présence.*

Voilà quelle réponse elle reçut des *Secrets du Yi King;* il s'agit là d'une très ancienne méthode chinoise d'activer les facultés spirituelles de votre subconscient. Elle fixa son esprit sur quelques-une des grandes vérités de la Bible, sachant que c'était la seule façon de sauver la vie de son mari.

Avant même qu'ils appellent, je leur répondrai; ils parleront encore, qu'ils seront déjà exaucés.

(Isaïe 65; 24)

C'est un dessein arrêté, tu assureras la paix, la paix qui t'est confiée. (Isaïe 26; 3)

Aie confiance, ma fille, ta foi t'a sauvée.

(Matthieu 9; 22)

Si tu peux!... tout est possible à celui qui croit.

(Marc 9; 23)

Coeur joyeux fait bon visage. (Proverbes 15; 13)

Je suis Yahvé, celui qui te guérit. (Exode 15; 26)

...Tout ce que vous demanderez en priant, croyez que vous l'avez déjà reçu et cela vous sera accordé.

(Marc 11; 24)

Car je vais te porter remède, guérir tes plaies - oracle de Yahvé. (Jérémie 30; 17)

Elle ancra son esprit sur ces passages des Saintes Écritures et aussi sur le psaume 91, persuadée que l'amour de Dieu veillait sur son mari. À mesure qu'elle pénétrait son esprit de ces vérités bibliques, elle ressentait un profond sentiment de paix et de tranquillité et elle eut l'impression que Dieu plaçait son armure autour de son mari.

Quelques jours plus tard, celui-ci revint à la maison et lui raconta qu'un homme avait tiré trois balles sur lui mais sans l'atteindre et qu'un autre avait pointé un révolver vers lui, mais l'arme s'enrayait à chaque fois. Seul un miracle l'avait sauvé. Il ne fait aucun doute que la prière l'avait protégé d'une mort certaine. Le projet de le tuer existait déjà dans un subconscient et elle, étant en communication téléphatique avec son mari, l'avait capté. En modifiant l'image dans son esprit et en réalisant grâce à la présence de Dieu où se trouvait son mari, elle lui sauva la vie.

... Ta foi t'a sauvée   (Matthieu 9; 22)

EN RÉSUMÉ

1. Lorsque vous intégrez un niveau supérieur de l'esprit, vous devenez inaccessible à tout danger. Il s'agit d'un état de conscience très élevé où vous vous sentez sur la même longueur d'ondes que l'Infini, Tout-Puissant et Toute Sagesse.

2. En puisant constamment à l'amour de Dieu qui vous entoure comme une armure puissante, vous développez une immunité à tout péril. Vous devenez ce que vous pensez.

3. Certains Hindous marchent sur des charbons ardents sans éprouver aucun malaise. Leurs esprits sont conditionnés pendant une grande période de temps: ils croient qu'ils appartiennent à leur Dieu et ont une conviction subconsciente qu'il ne peut rien leur arriver de mal. Cette foi aveugle est acceptée par leur subconscient et ils sortent indemnes de leur épreuve. De la même façon, vous pouvez, sous hypnose, subir une opération et ne ressentir absolument aucune douleur.

4. Les idées mènent le monde. L'homme est ce que sont ses pensées quotidiennes. Ayez une attitude saine à l'égard de vos pensées car elles sont créatrices: si elles sont judicieuses, vos actions le seront aussi.

5. Tout ce que vous ressentez comme vrai, votre subconscient le concrétisera. Votre destin est l'enfant de vos pensées.

6. Un détective se concentrait sur le mot "preuve" avant de s'endormir. Son subconscient savait qu'il désirait une preuve concernant une cache de drogues détenue par trois hommes qui en faisaient la contrebande. Dans un rêve, son subconscient lui révéla l'endroit exact de la cachette et solutionna le problème. Votre subconscient ne connaît que la réponse.

7. De nombreuses personnes sont clairentendantes. Tout au long de sa vie, Socrate lui-même fut guidé par une voix intérieure en laquelle il avait une foi implicite; issue sans doute de son subconscient, cette voix l'incitait à faire le geste qu'il fallait.

8. Un jeune Japonais qui étudiait les lois de l'esprit était sur le point de monter à bord d'un avion lorsque sa voix intérieure lui dit: "N'y va pas". Il obéit. L'avion fut détourné et il s'épargna ainsi une expérience pénible et traumatisante.

9. Vous pouvez surmonter votre anxiété en remplissant votre esprit des grandes et éternelles vérités qui neutraliseront toutes les tendances négatives. Imprégnez votre esprit des vérités des psaumes 27 et 91 et vous trouverez la paix et la sérénité.

10. Une femme vécut une expérience de préconnaissance dans son sommeil: elle vit son mari tué d'une balle. Elle pria pour que l'amour, la paix et l'harmonie de Dieu l'entourent et le protègent comme une armure et pour que Dieu l'accompagne. Bien que deux hommes eussent tiré directement sur lui, il était devenu inaccessible au danger et ne fut pas atteint. Les prières de sa femme lui avaient sauvé la vie.

Si tu peux!... Tout est possible à celui qui croit.
(Marc 9; 23)

11

La télépsychique contribue à édifier votre foi qui agit comme par magie

La foi est une façon de penser selon le point de vue des principes et des vérités éternelles; c'est aussi une attitude mentale constructive ou encore un sentiment de confiance que vos prières seront exaucées. Dans la Bible, la foi ne se réfère pas à une croyance, un dogme ni une religion particulière. Votre foi doit faire partie intégrante des lois créatrices de votre esprit, de votre acceptation de la présence d'une Intelligence Infinie (Dieu) dans votre subconscient, Intelligence qui répond à votre foi et à vos convictions.

En fait, si on réfléchit bien on ne peut que constater que la foi dicte chacun de nos gestes: la ménagère est guidée par la foi dans la préparation d'un gâteau, celui qui conduit sa voiture a foi en sa capacité de le faire. Ainsi par exemple, quand vous apprenez à conduire, vous répétez certaines façons de penser et certains gestes encore et encore jusqu'à ce que cela devienne presque un réflexe automatique. Par le même procédé qui fait que, grâce à ce réflexe automatique venu de votre subconscient, vous apprenez aussi à nager, danser, marcher, taper à la machine et bien d'autres choses. Regardez autour de vous; il deviendra vite évident que, en ce monde instable, toutes les réalisations sont inspirées par la foi. Le fermier doit avoir foi aux lois de l'agriculture; l'électricien s'appuie sur les principes de l'électricité car il a assimilé tout ce qui touche aux lois de la conductivité et de l'isolation et il sait que l'électricité est conduite d'un certain potentiel à un autre moins élevé. Le chimiste, pour sa part, croit aux principes de la chimie mais il ne cesse jamais ses recherches et ses découvertes.

Sa foi lui permet de voir sans se servir de ses yeux

Il y a quelques semaines, un homme qui devait subir une grave opération me téléphona pour obtenir quelques paroles d'encouragement spirituel. Je lui suggérai de se répéter les phrases suivantes: "Dieu guide les médecins et les infirmières. Dieu présent en moi me guérit en ce moment même: j'ai une absolue confiance en ses pouvoirs de guérison."

Après l'opération, qui fut une réussite, il me raconta qu'il avait pu en suivre tout le déroulement de l'extérieur de son corps. Les yeux fermés et sous l'effet de l'anesthésie, il entendait distinctement la conversation des médecins et des infirmières. À un moment, l'anesthésiste dit que son coeur avait cessé de battre: aussitôt on lui fit une piqûre et un massage cardiaque. Il se sentait complètement détaché de son corps comme s'il n'en faisait plus partie du tout. Puis, soudain, il réintègra son corps et à son réveil, il raconta au médecin ce qui s'était passé.

Cet homme est maintenant en meilleure santé que jamais auparavant. "Je fais une bien meilleure journée de travail, me dit-il. J'ai utilisé la prière que vous m'avez donnée. J'ai toujours cru au pouvoir de guérison de Dieu mais jamais aussi intensément que depuis ma résurrection d'entre les morts."

La peur de la mort l'a quitté tout à fait, car, selon toutes apparences il était physiquement mort et pourtant, de l'extérieur de son corps, il surveillait tout et il s'aperçut même de la présence de parents qu'il n'avait pas vus depuis longtemps. Il était même capable de décrire les gestes de l'équipe médicale et de répéter chacune de leurs paroles. Il s'était trouvé dans la situation étrange de se regarder lui-même et d'être absolument conscient d'être complètement détaché de son enveloppe corporelle. Cette expérience extraordinaire a eu pour effet d'accroître au centuple sa foi en Dieu.

Chacun croit en quelque chose: le soi-disant athée a une foi élémentaire aux lois de la nature, de l'électricité, de la chimie et de la physique; constamment, il utilise cela même qu'il prétend nier. Ainsi, par exemple, lorsqu'il soulève une chaise, il utilise la puissance invisible dont il nie l'existence; confronté à un problème, que ce soit de mathématiques, de physique nucléaire ou de médecine, il recherche une intelligence supérieure à la sienne. Aucun atome ou combinaison de molécules n'a jamais créé une sonate, construit une cathédrale gothique ou écrit un sermon sur la montagne. Une Présence, une Puissance invisible, pourtant impossible à mesurer ou à évaluer, est à l'oeuvre, qui façonne les molécules et les atomes de ce monde et leur donne forme; mais l'Intelligence et la Puissance invisibles ne peuvent être ni pesées ni mesurées.

La télépsychique solutionne un problème familial

Un homme et une femme, confrontés à un problème très pénible, me consultèrent; déjà deux avocats leur avaient offert des avis contradictoires et eux-même n'étaient pas d'accord avec les conseils de leur pasteur.

Je leur expliquai que l'essence d'une idée est de se manifester à moins que cette idée ne soit inhibée ou neutralisée par une autre contraire et j'ajoutai qu'un désir passionné d'une solution divine et une adhésion de toute son âme au geste droit trouveraient à se loger dans leur subconscient: celui-ci considérerait la question et transmettrait la réponse en accord avec leur demande.

Le problème était le suivant: la mère de cette femme, qui était réduite à une vie végétative, habitait chez ce couple et le mari supportait très mal cette situation. Cette femme souhaitait placer sa mère dans une maison de repos dont les coûts seraient partagés également entre tous ses enfants; ceux-ci s'objectaient vivement à cette solution et critiquaient durement leur soeur.

Après la consultation, le couple en question procéda de la façon suivante. Ils présentèrent leur demande en ces termes à leur esprit profond:

Nous abandonnons_____ à la Divine Présence dans laquelle elle vit, qui habite et possède tout son être. L'Intelligence Infinie sait ce qu'il y a de mieux à faire et présentera une solution Divine. Nous savons, de foi absolue, que l'Infinie grandeur de l'Être Suprême, veille sur cette femme qui est son enfant et qu'il lui prodigue la liberté, la paix et l'équilibre. Dieu voit tout, Il veille sur nous et nous avons la ferme conviction qu'il existe une solution parfaite à notre problème.

Dès le premier soir où ils dirent cette prière de toute leur âme pour trouver une solution divine et équitable à leur problème, la malade mourut paisiblement, non sans toutefois avoir eu quelques instants de lucidité au cours desquels elle dit à sa fille: "Ta prière m'a libérée." Puis elle passa soudainement vers une autre dimension.

La réponse, votre subconscient la connaît: prêtez l'oreille à ses suggestions, conseils et avis, la réponse empruntera toutes sortes de moyens pour vous parvenir.

La télépsychique, vous le savez, concerne votre contact avec les puissances de l'Infini logées dans les couches profondes de votre subconscient. C'est à l'intérieur de votre subconscient que se trouve le "JE SUIS CELUI QUI EST" de la Bible, c'est-à-dire la Présence et la Puissance de Dieu, l'Être de Pureté, l'esprit qui se crée lui-même ou encore ce qu'on appelle en Inde, "Aum", mot qui désigne l'Être, la Vie, la Conscience. Votre subconscient est aussi la loi qui gouverne votre vie et qui, comme vous le savez, peut être utilisé de façon soit positive soit négative.

Vous ne rêvez pas avec votre conscient car alors celui-ci dort, réuni à votre subconscient de façon créatrice. Comme nous l'avons déjà dit, votre subconscient met en scène son contenu pendant que vous dormez; il peut vous présenter diverses images symboliques ou situations incongrues.

Les rêves sont, en quelque sorte, les programmes télévisés de votre esprit profond: les rêves sont divers, il y en a de "primeurs" au cours desquels vous voyez des événements avant qu'ils se produisent réellement dans votre vie, celle de vos parents ou d'autres personnes. Votre rêve peut encore vous apporter la réalisation d'un désir: par exemple, si vous avez soif avant de vous endormir, votre subconscient compense en vous faisant boire, en rêve, de généreuses quantités d'eau pour vous désaltérer. Un rêve peut aussi servir de mise en garde pour éviter une tragédie.

Par le biais d'un rêve, la télépsychique lui sauve la vie

Un vieil ami à moi qui lit le psaume 91 matin et soir, et qui en a imprégné les vérités dans son subconscient, croit réellement chacune des paroles de ce psaume:

Il a pour toi donné ordre à ses anges de te garder en toutes tes voies. Sur leurs mains, ils te porteront pour qu'à la pierre (les accidents, malchances ou obstacles de tous genres) ton pied ne heurte. (Psaume 91; 11,12)

Cet ami a l'occasion de voyager beaucoup, tant en Europe qu'en Asie et en Amérique du Sud en missions gouvernementales. Il y a quelque temps, il devait s'envoler vers le Pérou lorsque, la veille de son départ, il lut en rêve des manchettes de journaux où l'on mentionnait la mort de 92 passagers, un seul ayant survécu. Il se réveilla en sursaut, rempli d'appréhensions et avec l'impression d'un pressentiment. Il annula ses réservations et apprit quelques jours plus tard que l'avion s'était écrasé dans les jungles péruviennes. Il n'y eut qu'une seule survivante - la fille d'un missionnaire - secourue par un pêcheur alors qu'elle marchait sur la berge d'un fleuve.

La foi profonde de cet homme en la sagesse invisible de son subconscient lui a sans doute sauvé la vie: la réponse lui a été présentée d'une façon dramatique avec la certitude qu'il réagirait en conséquence. La raison pour laquelle son subconscient était au courant de l'accident avant même qu'il ne survienne, est que la tragédie s'était déjà produite en esprit: il connaissait les défaillances de cet avion, les conditions atmosphériques de même que l'état d'esprit du pilote, de l'équipage et des passagers.

Comme Emerson l'a dit: "Rien n'est dû au hasard, tout a une cause cachée". On trouve une pensée ou un état d'esprit derrière chacun de nos gestes en ce monde.

Les moyens d'échapper au grand fleuve psychique

Nous nageons tous dans le grand fleuve de l'esprit: combien de millions de personnes croient aux accidents, à la malchance, aux tragédies, aux incendies, à la maladie, au crime, au ressentiment et à toutes espèces de pensées et d'émotions négatives et destructives qui envahissent l'esprit collectif. Il y a du bon dans l'esprit collectif, mais la plupart de ce qui s'y trouve est terriblement négatif. Il s'ensuit donc que si nous ne sommes pas entièrement envahis par la prière afin d'établir des remparts contre ces peurs et fausses croyances de l'esprit collectif, toutes ces émotions négatives atteindront les points réceptifs de notre esprit, l'inonderont en entier et seront cause d'accidents, de malchance et de toutes espèces d'autres maux.

Cet ami à moi était entièrement envahi par la prière et ne pouvait donc se trouver à bord de cet avion qui s'écrasa. Deux choses dissemblables se repoussent: l'harmonie et la discorde ne font pas bon ménage. Croyez fermement que l'amour et l'harmonie de Dieu vous entourent et vous enveloppent; à mesure que vous vous pénétrez profondément de cette vérité, votre subconscient réagit et votre vie vous paraîtra enchantée.

Son "Associé invisible" récupère ses pertes au jeu

J'ai donné récemment une série de conférences pour l'Église de la science religieuse à Las Vegas au Nevada dirigée par le Dr. David Howe; il s'agissait d'un vieil ami à moi qui fut autrefois placier dans mon organisme. Un des membres de cette église me raconta un épisode fascinant de sa vie, mettant en lumière la puissance de la foi en Dieu ou l'Intelligence Suprême présente dans notre subconscient à tous. Quelques années auparavant il avait été un joueur invétéré et lors de son premier séjour à Las Vegas, son seul but était de jouer: en deux soirées, il perdit 200 000$ et la troisième, il faillit même y laisser sa chemise. Il dut demander qu'on lui télégraphie de l'argent pour payer sa note d'hôtel et rentrer chez lui.

Sur les entrefaites, quelqu'un lui remit un exemplaire de *La Puissance de votre Subconscient,* qu'il lut avec beaucoup d'intérêt. Il apprit dans cet ouvrage que tout se passe dans l'esprit et qu'il ne peut ni gagner ni perdre sauf par l'esprit. Suite à quoi il affirma à sa manière à lui: "Mentalement et émotionnellement je ne fais qu'un avec ce 225 000$ et il me revient multiplié selon l'Ordre Divin."

Il continua à prier ainsi, sachant que, tôt ou tard, la concentration de ses pensées et de son attention, jointe à son désir personnel, s'enregistreraient dans son subconscient pour venir à maturité; et, puisque son subconscient sait comment amener le tout à se concrétiser, il créerait la solution et la présenterait, déjà formulée, à son conscient.

Trois mois passèrent, sans réponse aucune. Son état d'esprit était toujours le même toutefois et un soir, dans un rêve, il se vit à Las Vegas, à une table de jeu où le croupier lui remettait la somme de 250 000$: son rêve était d'une réalité saisissante. Le croupier lui dit: "Et bien, vous recevez plus que vous n'aviez perdu!" ce qui devait se réaliser effectivement puisque c'est la loi du subconscient de magnifier ce que l'on y dépose.

Peu après ce rêve, son entreprise le transféra à Las Vegas. Le soir de son arrivée, il se rendit à la table de jeu entrevue en rêve et reconnut les visages des personnes autour de lui et il *sut* aussitôt qu'il allait gagner. Ce soir-là, il faisait de l'or de tout ce qu'il touchait; il gagna 250 000$ et le caissier lui dit mot pour mot ce qu'il avait déjà entendu en rêve trois mois plus tôt. Sa foi inébranlable aux puissances du subconscient lui avait rapporté d'extraordinaires dividendes.

> *C'est en vision que je (votre subconscient) me révèle à lui, c'est dans un songe que je lui parle.*
>
> (Nombres 12;6)

EN RÉSUMÉ

1. La foi est une façon de penser selon le point de vue des principes et des vérités éternelles; la foi ne se réfère pas à une croyance, un dogme ou une religion particulière. Vous devez avoir foi aux lois créatrices de votre esprit et à la bonté de Dieu sur cette terre des hommes.

2. La foi dicte chacun de vos gestes, qu'il s'agisse de conduire votre voiture, préparer un gâteau, faire un appel téléphonique ou jouer du piano. Vous développez votre foi dans la capacité de monter à bicyclette en répétant certaines façons de penser et certains gestes et après un moment votre subconscient assimile le mécanisme, ce qui vous permet de le reproduire de façon automatique. Certains appellent cela une seconde nature; ce n'est en fait que la réaction automatique de votre subconscient à vos pensées et gestes conscients. L'action et la réaction sont cosmiques et universelles.

3. Un homme croyait naturellement que la puissance de guérison de Dieu veillerait sur lui au moment d'une grave opération. Il sortit de son propre corps et put voir et entendre tout ce qui se passait. Il se rétablit merveilleusement bien et sa santé est maintenant beaucoup plus florissante qu'elle ne l'a jamais été.

4. Chacun croit en quelque chose; le soi-disant athée utilise constamment cela même qu'il prétend nier. Lorsqu'il soulève une chaise, il utilise la puissance invisible et lorsqu'il pense, sa pensée est créatrice. Chaque fois que vous découvrez la puissance créatrice, c'est Dieu que vous découvrez car il n'y a qu'une seule Puissance Créatrice. *Le Verbe* (l'expression de la pensée) *était Dieu* (ou créatrice). (Jean 1; 1) Les pierres et les molécules n'arriveront jamais à construire une cathédrale ni à composer une sonate, non plus que le mouvement moléculaire n'a réussi à écrire la Bible ni le Coran.

5. Un homme et sa femme étaient confrontés à un angoissant problème par la mère de cette dernière, réduite à une vie végétative. Voici la prière qu'ils récitèrent avec foi et confiance: "Nous abandonnons Madame_____totalement à Dieu et l'Infinie grandeur de l'Être Suprême lui procure la liberté, la paix et l'équilibre." La vieille dame mourut dans son sommeil mais auparavant elle eut un éclair de lucidité au cours duquel elle les remercia d'avoir prié pour sa libération.

6. Vous rêvez avec votre subconscient et vos rêves sont comme des programmes télévisés de votre esprit profond. Un homme qui avait imprégné son subconscient des vérités de la Puissance Divine rêva à l'écrasement de l'avion qu'il était censé prendre. L'avion - avec 92 passagers à bord - s'écrasa effectivement et il n'y eut qu'une seule survivante, la fille d'un missionnaire. Cet homme avait vu cela en "avant-première" et les choses se passèrent telles qu'il les avait vues en rêve. Son subconscient l'avait protégé, il reconnut la mise en garde et annula sa réservation sur le malheureux avion.

7. Nous sommes tous immergés dans le grand fleuve psychique de l'esprit dans lequel des milliards de personnes déversent superstitions, craintes, haines, jalousie, foi en la malchance et la maladie etc.. À moins de vous laisser envahir par la prière et d'établir des convictions contraires, ces émotions négatives de l'esprit collectif pénétreront dans votre esprit, penseront à votre place, et il s'ensuivra des résultats négatifs. Pénétrez votre esprit régulièrement des vérités de Dieu et vous pourrez neutraliser toutes les vibrations et les ondes négatives de l'esprit collectif.

8.   Un homme avait perdu 225 000$ au jeu à Las Vegas. Il comprit, toutefois, qu'on ne peut ni gagner ni perdre sauf dans l'esprit car c'est sur cette scène que tout se déroule. Il déclara sa foi absolue dans la réponse de son subconscient à la prière.   Voici ce qu'il dit: "Mentalement et émotionnellement, je ne fais qu'un avec ce 225 000$ et il m'est rendu multiplié selon l'ordre Divin." Sa foi fut inébranlable et un jour, au cours d'un rêve très clair, on lui fit remarquer qu'il avait gagné 250 000$ au casino où il avait encaissé de si lourdes pertes. Ce rêve lui avait paru si réel que lorsqu'il fut posté à Las Vagas il retourna à cet hôtel et suivit les directives reçues dans son rêve: cela lui rapporta la jolie somme de 250 000$. Le caissier s'adressa à lui dans les termes exacts qu'il avait entendus en rêve.

C'est en vision que je me révèle à lui, c'est dans un songe que je lui parle.   (Nombres 12; 6)

12

Des décisions rapides et justes grâce à la télépsychique

Dans l'univers, il existe un principe de l'action droite et lorsque votre motivation est bonne, votre intention bonne, et même très bonne il n'y a pas lieu pour vous d'hésiter à prendre une décision ou de la remettre à plus tard.

À mesure que vous avancez en âge, vous constaterez que tous ceux qui réussissent dans la vie, hommes et femmes de tous les milieux, ont en commun une caractéristique exceptionnelle: la capacité de prendre rapidement une décision puis de s'y tenir et de la mener à terme.

Une jeune femme n'arrive pas à se décider à prendre une décision

Au cours d'une consultation récente une femme me dit: ''Je ne sais plus du tout où j'en suis. Je ne peux pas et je ne veux pas prendre de décision''. Elle ne se rendait pas compte toutefois qu'elle avait déjà pris une décision: celle de ne pas en prendre ce qui revient à dire qu'elle avait décidé de laisser l'esprit collectif irrationnel décider à sa place.

Nous sommes tous immergés dans ce grand fleuve psychique où des millions de personnes déversent constamment leurs pensées négatives, leurs peurs et leurs croyances fausses. Plus tard, cette femme se rendit compte que si elle décidait de ne pas décider, l'esprit aléatoire déciderait pour elle de toute façon puisqu'elle même refusait de diriger son propre esprit.

Elle commença à percevoir la présence d'un principe directeur dans son propre subconscient, lequel réagirait à ses pensées à mesure qu'elle y faisait appel; que de plus, si elle ne pensait pas par elle-même, elle permettait ainsi à la loi de la moyenne - la pensée collective de l'humanité - de prendre des décisions à sa place.

Elle changea donc d'attitude du tout au tout et dirigea ses pensées dans ce sens:

Je sais que j'ai la capacité de penser, de choisir et de raisonner. Je crois en l'intégrité de mon propre fonctionnement mental. Je veux agir correctement et chaque fois que je veux prendre une décision ferme, je me demande: ''Si j'étais Dieu, quelle serait ma décision?'' Je sais que lorsque mes motifs reposent sur la règle d'or de la bienveillance, ma décision, quelle qu'elle soit, ne peut qu'être juste.

Cette femme n'arrivait pas à décider si elle devait ou non accepter la demande en mariage de son ami. Après avoir récité la prière ci-dessus plusieurs fois par jour, elle vit son ami en rêve qui nageait dans des eaux boueuses et troubles. Elle comprit que son subconscient lui révélait ainsi la personnalité trouble de cet homme.

Le lendemain elle fit part de ce rêve à son ami et il admit qu'il était sous les soins d'un psychiatre pour une paranoïa doublée de schizophrénie, ajoutant qu'il était aussi suicidaire. D'un commun accord, ils décidèrent de rompre.

Cette jeune femme avait découvert la présence d'une sagesse en elle laquelle réagissait aux décisions fermes de son conscient et elle fut ravie d'avoir pu éviter une aussi tragique erreur.

Le pouvoir de choisir vous appartient

Le pouvoir de choisir et de décider est une des plus nobles qualités et des plus hautes prérogatives de l'homme. Comme l'a dit Josué: ...*Choisissez aujourd'hui qui vous voulez servir.* (Josué 24; 15) Commencez dès maintenant à choisir des choses vraies, justes, pures et belles.

> ...*Tout ce qu'il peut y avoir de bon dans la vertu et la louange humaines, voilà ce qui doit vous préoccuper.*
> (Philippiens 4; 8)

Le courage de se décider transforme sa vie

Un homme d'une cinquantaine d'années fut remercié de ses services lorsque l'entreprise pour laquelle il travaillait depuis de nombreuses années fut rachetée par une autre maison. Ses collègues et amis lui disaient: "Thomas, tu dois faire face à la réalité: à ton âge ce n'est pas facile de se trouver du travail."

La première chose que je lui suggérai fut de cesser de se laisser influencer par ses amis avec leurs suggestions défaitistes. Les faits ne sont jamais figés de façon permanente et sont toujours susceptibles de changer. Il commença à comprendre que son attention devrait se fixer plutôt sur des choses immuables: l'intelligence, la sagesse et la puissance de l'Infini en lui.

Je lui suggérai de se décider et de déclarer hardiment: "Dieu me dirige vers un nouvel emploi où mon talent et mon expérience seront appréciés et où je reçois un salaire substantiel conforme à l'équité et à la justice." Je lui expliquai encore que du moment où sa décision serait prise dans son conscient, son subconscient y réagirait et faciliterait les choses en lui disant comment réaliser son désir.

Il céda alors à une forte intuition de faire une dernière démarche, cette fois dans une entreprise un peu semblable à celle dont il avait été remercié. Il fit valoir au directeur les nombreuses relations qu'il avait déjà et de quelle façon il pouvait augmenter le chiffre d'affaires de sa maison. La direction l'embaucha sur le champ.

Si vous vous décidez à admettre que vous avez beaucoup à offrir, que ce que vous cherchez est toujours à votre recherche, que vous faites la preuve à un employeur éventuel que vous pourrez lui apporter des affaires ou lui épargner de l'argent, alors vous n'aurez aucun mal à dénicher du travail. Rappelez-vous que ce ne sont pas ni vos cheveux blancs ni votre âge que vous offrez mais vos talents, vos connaissances, votre expérience, accumulés depuis des années. Vieillir n'est pas du temps qui s'enfuit mais l'aube de la sagesse.

Un autre point à ne pas oublier est que tout le vaste océan ne parviendra pas à couler même un tout petit

navire si l'eau ne s'y infiltre pas. De même, tous vos problèmes et difficultés ne vous feront pas couler si vous ne
les laissez pas pénétrer à l'intérieur de vous. C'est le grand
Shakespeare qui a écrit:

> *"Nos doutes sont des traîtres qui souvent nous font
> perdre le bien que l'on aurait atteint, par peur d'essa-
> yer."*

Mesure pour mesure

Une simple prière vous met sur la bonne voie

Rappelez-vous la loi universelle de l'action et de la
réaction. L'action c'est la décision de votre conscient et la
réaction, c'est la réaction automatique de votre subconscient selon la nature de votre décision. Pour trouver
l'action juste, récitez la prière suivante:

> *Je sais que l'intelligence infinie de mon subconscient
> agit à travers moi et me dit ce que je dois savoir. Je
> sais que la réponse est en moi et qu'elle m'est trans-
> mise en ce moment même. L'intelligence infinie et la
> sagesse sans bornes de mon subconscient prend toutes
> les décisions par mon intermédiaire; toutes les déci-
> sions et les actions de ma vie sont droites. Je recon-
> nais la poussée qui se manifeste dans mon conscient,
> je ne peux pas m'y soustraire. La réponse se mani-
> feste clairement et distinctement et je rends grâces
> pour la joie qui me vient de ma prière exaucée.*

Chaque fois que vous ne savez quoi dire, que faire ou
quelle décision prendre, assoyez-vous, détendez-vous et
dans le calme et la paix, répétez les vérités ci-dessus; vous
recevrez une impulsion ou une suggestion de votre esprit

profond, une espèce de connaissance dans votre for intérieur: vous savez que vous savez. La réponse peut prendre
la forme d'un sentiment intérieur de certitude d'une
intuition persistante ou encore d'une idée spontanée qui
éclôt clairement dans votre esprit.

Sa décision sauve la vie de deux enfants

Le Dr David Seabury, psychologue célèbre, me raconta
un jour l'histoire d'un ami à lui que deux attaques avaient
laissé paralysé. Un jour que cet homme était chez lui avec
ses deux petits-enfants, une terrible tornade s'abattit sur
la ville; à la radio on conseillait aux gens de se réfugier
dans la cave mais lui, à cause de son état, en était incapable. Le Dr Seabury me dit que son ami se mit alors à
réciter à voix haute cette parole de la Bible, qu'il connaissait bien: *Arrêtez, connaissez que moi je suis Dieu.*
(Psaume 46;11) Puis il se dit: "Je vais sauver mes petits-
enfants qui dorment dans la pièce à côté."

Sa décision était prise et une force irrésistible le poussait à sauver leur vie coûte que coûte. Au prix d'un effort
surhumain, il parvint à se lever et se mit à marcher: il
réussit à se rendre dans la chambre, et là, prit les deux
enfants dans ses bras et les porta dans la cave. Quelques
secondes plus tard, la maison était soufflée par la tornade. Il avait réussi à sauver se propre vie et celle de ses
deux petits-enfants; de plus il guérit et put marcher pendant de nombreuses années par la suite.

Le pouvoir de marcher avait toujours été présent chez
lui, assoupi dans son subconscient: devant l'urgence de la
situation, il oublia sa paralysie et son esprit fut saisi de
l'idée de sauver la vie des deux enfants. Toute la puissance de l'Infini se rassembla sur le point de convergence
de son attention.

Des cas semblables, où la puissance illimitée d'un individu est ranimée par une situation d'urgence, on en trouve par milliers dans les annales médicales. Un homme se croit paralysé mais l'Esprit (Dieu) qui habite en lui est à l'épreuve de la maladie, de l'infirmité ou de la paralysie: cet Esprit, omnipotent, omniscient et omniprésent est la seule Présence, la seule Puissance, la seule Cause, la seule Substance dans l'Univers.

"Je laisserai Dieu décider à ma place" dit-elle

Récemment, une femme me dit qu'à partir de ce jour, elle allait laisser Dieu décider à sa place: elle entendait par là, un Dieu à l'extérieur d'elle, quelque part dans les cieux. Je lui expliquai que la seule façon que Dieu ou l'Intelligence Infinie pouvait travailler pour elle, était dans son esprit. Pour que l'Universel agisse sur le plan individuel, il doit devenir lui-même l'individuel. Elle réalisa alors que Dieu est l'Esprit Vivant en elle et que sa pensée est créatrice; que de plus, elle est ici-bas pour choisir, qu'elle est douée de volonté et d'initiative, bases mêmes de sa personnalité. Elle décida finalement d'accepter sa propre Divinité de même que la responsabilité de prendre elle-même les décisions.

Rendez-vous compte que l'autre personne n'a pas toujours raison et rappelez-vous aussi que lorsque vous refusez de prendre vos propres décisions, vous rejetez votre Divinité et ne pensez que du point de vue du faible, de l'inférieur, à la manière d'un subalterne.

Une vie nouvelle grâce à sa décision

Il y a quelques années j'avais invité le Dr Emmet Fox auteur de *Sermon on the Mount* (Le sermon sur la montagne) à l'Arsenal du septième régiment de New York, dont je suis membre. Il s'intéressait à l'exposition de documents et objets reliés à l'histoire des États-Unis présentée alors dans ce décor impressionnant. Au cours du repas, il me raconta qu'il avait d'abord travaillé comme ingénieur civil en Angleterre et que c'était alors qu'il avait eu l'occasion d'entendre les conférences sur le subconscient présentées à Londres par le juge Thomas Traward: elles lui avaient laissé une très forte impression.

Au cours d'une de ces conférences, me confia le Dr Fox, je pris une décision et je me dis à moi-même "Je vais me rendre en Amérique et je vais parler devant des milliers de personnes." Il persista dans cette décision et, en l'espace de quelques mois, toutes les portes s'ouvraient devant lui, et il se retrouva finalement à New York où pendant des années il s'est adressé à des foules de près de 5 000 personnes tous les dimanches. Sa décision s'était enregistrée dans son subconscient et la sagesse de son esprit profond lui avait ouvert toutes les portes nécessaires à la réalisation de sa décision résolue et ferme.

...Va! Qu'il t'advienne selon ta foi.   (Matthieu 8; 13)

EN RÉSUMÉ

1. Dans l'univers, il existe un principe de l'action droite. Lorsque votre motivation est bonne et conforme au principe universel de l'harmonie et de la bonne volonté, allez de l'avant et prenez votre décision.

2. Les hommes et les femmes qui réussissent ont la capacité de prendre rapidement une décision et de la mener à terme.

3. En réalité, il n'y a pas de telle chose que l'indécision. L'indécision veut tout simplement dire que vous avez décidé de ne pas décider, ce qui est ridicule. Si vous ne vous décidez pas, d'autres le feront pour vous et si eux ne le font pas, c'est l'esprit collectif irrationnel qui le fera, toujours à votre place. Si vous êtes craintif, inquiet, que vous hésitez et remettez à plus tard, vous ne pensez pas: c'est l'esprit collectif qui pense en vous. La pensée vraie est libre de toute peur parce que votre pensée se situe du point de vue des principes universels et des vérités éternelles.

4. Lorsque vous prenez une décision bien arrêtée dans votre conscient, votre subconscient y répondra sûrement. Peut-être cette réponse se présentera-t-elle dans un rêve mais d'une intensité telle et chargée de tant de sens que vous n'aurez aucun mal à l'interpréter.

5. Le pouvoir de choisir et de décider est une des plus nobles qualités et des plus hautes prérogatives de l'homme.

6. Tous les faits ne sont pas figés: tout est susceptible de changer. Concentrez votre attention et votre confiance sur ce qui est immuable, le même aujourd'hui comme hier et jusqu'à la fin des temps. L'intelligence, la sagesse et la puissance de Dieu sont constamment disponibles: jamais elles ne changent. Si vous perdez un certain emploi, il y a en vous une sagesse qui, sollicitée, vous ouvrira une autre porte selon l'ordre divin. Rappelez-vous: ce que vous recherchez est toujours à votre recherche.

7. Ce n'est pas votre âge que vous proposez mais vos talents, vos capacités et votre sagesse, accumulés par des années d'expérience. L'âge ce n'est pas la fuite des ans mais l'aube de la sagesse.

8 Action et réaction sont cosmiques et universelles. Lorsque vous prenez une décision bien arrêtée dans votre conscient, une réponse automatique de votre subconscient se présentera selon la nature de votre décision.

9. Souvent, cette réponse de votre subconscient prend la forme d'un sentiment intérieur de certitude, une intuition persistante ou encore une idée spontanée jaillie de votre esprit subliminal.

10. Il arrive que, mis en présence d'une situation urgente ou d'une crise grave, l'homme oublie sa paralysie ou son infirmité pour venir au secours de personnes chères. Ayant entendu à la radio qu'une tornade allait s'abattre sur la ville, un homme, totalement paralysé, fut saisi du désir intense de sauver ses petits-enfants; il entra dans leur chambre, les prit tous deux dans ses bras et se rendit à la cave. Toute la puissance de l'Infini se rassembla sur le point central de son attention. Il avait pris la décision de réaliser son désir et la puissance de l'Infini y répondit.

11. Lorsqu'une personne dit: "Je laisserai Dieu décider à ma place", elle entend habituellement un Dieu à l'extérieur d'elle-même. Toutefois, vous êtes un être capable de choisir, doué de volonté et vous êtes ici-bas pour prendre vos propres décisions. L'Universel ne peut rien faire ni à vous ni pour vous; il n'agit qu'à

travers vous, c'est-à-dire, à travers vos pensées, les produits de votre imagination et vos croyances. Vous devez d'abord choisir, ensuite l'intelligence infinie de votre subconscient répondra. Acceptez votre propre Divinité; si vous la refusez, vous rejetez aussi la sagesse et l'intelligence de l'Infini en vous.

12. Après avoir déclaré: "Je vais en Amérique m'adresser à des milliers de personnes", le Dr Emmet Fox s'en tint à sa décision et vit toutes les portes s'ouvrir devant lui. Quelques années après cette décision, il était à New York donnant des conférences devant des milliers de personnes, ainsi qu'il l'avait décidé.

13

La télépsychique et les merveilles de votre subconscient

La lettre suivante d'une femme de New York, illustre très bien comment vous pouvez connaître l'extraordinaire pouvoir de guérison de votre subconscient:

Cher Dr Murphy,

*Vous serez sans doute heureux d'apprendre que j'ai utilisé la prière à la page 106 de votre livre **Amazing Laws of Cosmic Mind Power** et ceci pour guérir un glaucome qui résistait au traitement habituel. J'ai remplacé les mots de la deuxième ligne par: "guérir mes yeux". J'ai prié pendant cinq mois. Vous comprenez quel plaisir je me fais de distribuer des exemplaires de votre livre chaque fois que j'entends parler de maladie autour de moi.*

G. V.
New York

Voici cette prière extraite du livre dont il est fait mention dans cette lettre:

L'Intelligence Créatrice qui a façonné mon corps, me refait des yeux sains en cet instant même. La Présence qui guérit sait ce qu'elle doit faire et elle transforme chaque cellule de mon corps selon l'ordre parfait de Dieu. J'entends et je vois déjà le médecin déclarer que je suis guérie: cette image est dans mon esprit. Je le vois clairement et j'entends sa voix: il me dit: "Vous êtes guérie; c'est un miracle." Je sais que ce produit positif de mon imagination se glisse dans les couches profondes de mon subconscient pour s'y développer et se concrétiser. Je sais que la Présence Infinie de Guérison me guérit en dépit de toutes les preuves du contraire. Je le sens, j'y crois et je ne fais qu'un avec mon but: une parfaite santé.

Il est facile de voir pourquoi elle obtint des résultats remarquables: en persévérant, en sachant qu'elle transmettait ces vérités à son subconscient par la répétition, la foi, l'espérance. La puissance de guérison de son subconscient força ses yeux à répondre selon la nature de sa prière.

Malgré ses prières, son état s'aggrave

Hier, une jeune femme m'a rendu visite: depuis plus d'un mois elle prie pour sa guérison, m'a-t-elle raconté, et pourtant son état ne fait que s'aggraver. Son médecin dit que si ses ulcères ne guérissent pas, la raison en est attribuable à son inquiétude chronique.

Je lui ai expliqué qu'elle devait cesser de résister à la puissance de guérison en elle. Elle croyait que son état n'avait rien à voir avec son esprit; elle nourrissait une quantité incroyable de sentiments ulcérés d'hostilité, de colère et de ressentiment à l'égard de nombreuses personnes. En fait, elle bloquait les suggestions de guérison de son médecin et annulait tous les effets des médicaments qu'il prescrivait.

Elle comprit peu à peu que son subconscient ne se satis faisait pas d'affirmations gratuites mais qu'il serait prêt à accepter les croyances et les convictions de son conscient. Elle devait aussi se pardonner elle-même, tâche beaucoup plus ardue que de pardonner aux autres.

Elle décida de cesser de nourrir des pensées négatives et destructives et résolut d'y substituer, chaque fois qu'elles se présenteraient à son esprit, des pensées à l'image de Dieu. Elle se mit même à prier pour la santé, le bonheur et la paix de ceux qu'elle enviait. Elle comprit lorsqu'elle se rendit compte que si des pensées d'hostilité, de colère et de ressentiment produisaient des ulcères, le contraire était aussi vrai.

Elle cessa de bloquer la puissance de guérison et se mit à corriger son esprit en pensant sans cesse à l'harmonie, à la paix, à l'amour, à la joie, à l'action juste et à la bonne volonté envers tous. Elle devint un canal ouvert à la puissance de guérison, et ainsi l'équilibre, l'harmonie et la santé parfaite furent restaurés.

Cela ne donne rien de parler de santé et d'harmonie si, dans le même temps, on croit dans son subconscient à l'impossibilité de la guérison, ou qu'on alimente des émotions négatives. La puissance de guérison et l'amour de l'infini ne circulent pas dans un esprit contaminé.

Une découverte bouleversante:
les merveilles de son subconscient

Dans le West Magazine du Los Angeles Times du 23 avril 1972, on pouvait lire un article fascinant sous forme de questions et réponses entre Digby Diehl et Bill Lear. Je ne résiste pas au plaisir d'en citer ici quelques extraits parmi les plus intéressants:

> *Garçon de bureau à Chicago, voilà comment Lear a commencé sa carrière; de modestes débuts, un diplôme... d'école primaire, une ingéniosité intarissable, et un remarquable subconscient, il a si bien fait fructifier ses atouts que sa fortune personnelle est maintenant évaluée à près de 28 millions de dollars. ..."Toute ma vie, je l'ai passée à découvrir des besoins pour ensuite tenter de trouver les moyens de les combler. J'accumule un lot d'informations dont j'extrais les points saillants et j'ignore les aspects sans importance. Je garde toujours le but présent à l'esprit et j'insiste pour régler les problèmes au moindre coût.*

> *Le subconscient joue un rôle important dans ce processus créateur... Le subconscient est comme un ordinateur: vous lui fournissez toutes les données possibles, puis, vous le laissez à lui-même et au bout d'une trentaine de jours, parfois moins, vous avez la réponse. Au début, il y a un peu de flottement, mais je peux vous garantir qu'il y aura une réponse...*

> *"Une des lacunes de notre système d'éducation tient à ce qu'on n'y montre pas aux étudiants à se servir des possibilités de leur subconscient: on ne leur dit pas qu'ils ont à leur disposition un ordinateur branché sur l'Infini, qui a emmagasiné un nombre illimité*

de détails relativement sans importance qui peuvent être reliés entre eux pour fournir la bonne réponse.

"Vous utilisez constamment votre subconscient sans le savoir. C'est un peu comme oublier le nom d'une personne puis se le rappeler plus tard. Que s'est-il passé? Vous avez fourni le renseignement à votre subconscient, puis vous avez pensé à autre chose mais votre subconscient lui, s'est dit: 'Il me faut en tirer quelque chose', puis il l'a fait surgir au bon moment. Cela, nous ne l'apprenons pas à nos étudiants, et bien plus, nous ne leur disons même pas qu'ils ont un subconscient... Les gens qui croient qu'ils n'auront pas de chance, n'en ont pas, parce qu'ils déclenchent le mécanisme pour cela. Par contre, les gens qui croient qu'ils auront de la chance et une solution à leurs problèmes, les trouvent habituellement parce qu'ils ont placé l'idée de leur succès dans leur subconscient. Autrefois c'est ce qu'on enseignait aux enfants en leur montrant à prier. La prière est une autre façon de loger des directives dans son subconscient..."

Bill Lear a inventé récemment un autobus de cinquante passagers, fonctionnant à la vapeur, donc sans pollution aucune, ce qui lui sert à prouver qu'on peut très bien remplacer les moteurs à combustion interne.

Votre subconscient possède un pouvoir inouï. Quel que soit le problème dont vous cherchez la solution, rassemblez d'abord tous les renseignements concernant cette solution. En d'autres termes, essayez de le résoudre avec votre conscient, puis lorsque vous vous butez à un mur, tournez-vous vers votre subconscient avec foi et confiance: vous verrez qu'il rassemblera toutes les données nécessaires et après en avoir fait la synthèse, il présentera la réponse déjà formulée, au niveau de votre conscient.

Un père prie, et prie encore sans s'arrêter

Lors d'un récent voyage au Mexique, je fus invité chez des amis et au cours de la soirée, la conversation s'orienta sur les pouvoirs du subconscient. Une des personnes présentes, un homme vivant à Mexico depuis une vingtaine d'années, me raconta qu'avant de s'expatrier il avait été atteint d'un cancer; son médecin le prévint qu'il n'avait plus que quelques mois à vivre car des métastases s'étaient répandues dans tout son organisme. Il était père d'une petite fille d'un an et sa femme le quitta, le laissant seul avec cet enfant. Le verdict médical l'avait rudement secoué.

Des amis à lui, qui avaient entendu parler d'une clinique à Tijuana, au Mexique, où un traitement spécial contre le cancer avait produit des résultats étonnants, lui conseillèrent de s'y rendre. Il demanda à une agence de s'occuper de l'adoption de sa fille; on l'assura qu'elle serait placée dans un foyer accueillant. Après avoir reçu une dizaines d'injections à la clinique de Tijuana son état s'améliora de façon remarquable et la maladie ne s'est pas manifestée depuis. Il croyait profondément à cette thérapie et son subconscient avait réagi en conséquence.

Que l'objet de votre foi soit vrai ou faux, vous obtiendrez les mêmes résultats de votre subconscient car il réagit toujours à toute croyance ou conviction profonde. Dans le cas de cette ex-victime du cancer, il s'agissait d'une foi aveugle à l'efficacité d'un extrait d'abricot qu'on lui avait injecté.

Une fois le traitement achevé, il revint à San Francisco et essaya de retrouver sa fille, mais ne put obtenir aucun renseignement sur la famille qui l'avait adoptée; l'agence prétendait que, d'un point de vue légal, elle ne pouvait rien lui révéler. Il s'adressa alors à une amie qui lui dit: "Prie, prie sans cesse et tu la retrouveras." Comment cela? lui demanda-t-il. "Et bien parce que tu aimes ta fille et que l'amour n'a pas de fin. Tu ne cesses jamais d'aimer ta fille. Tu ne dois pas nécessairement penser à elle toute la journée, mais ton amour ne meurt pas, ne sommeille pas, ne se lasse pas. Ton amour te conduira vers elle."

Chaque soir il parlait ainsi à son subconscient: "L'amour m'ouvre la voie et je retrouve mon enfant." Au bout d'une semaine, il eut un rêve très clair où il vit l'enfant et sa nouvelle famille; il savait même leur adresse à San Francisco car elle était indiquée très clairement dans son rêve.

Dès le lendemain il se rendit à cette adresse et raconta aux parents adoptifs qui il était: il voulait seulement revoir son enfant et n'avait aucune intention de la leur enlever, leur dit-il. Il leur raconta son désarroi en apprenant qu'il n'avait plus que trois mois à vivre: dans sa détresse et son désir d'assurer le bien-être de son enfant, l'adoption lui avait semblé la seule solution.

Les parents adoptifs croyaient que la fillette était trop jeune maintenant pour comprendre, mais ils furent très bons pour lui et l'assurèrent qu'il serait toujours le bienvenu chez eux: plus tard quand sa fille aurait grandi, elle aussi comprendrait la situation. Il correspond maintenant régulièrement avec sa fille et celle-ci s'est rendue très souvent à Mexico lui rendre visite. Il a aimé sans arrêt, et son subconscient qui sait tout, voit tout et possède la science nécessaire à l'action, lui a ouvert la voie selon l'ordre divin. L'amour vainc tous les obstacles.

La télépsychique et la prière

Ainsi que nous l'avons déjà expliqué, la télépsychique consiste à communiquer avec son subconscient et à obtenir des solutions et des réponses à ses problèmes. Les Saintes Écritures nous le disent ...*Dis seulement un mot et mon enfant sera guéri.* (Matthieu 8: 8)   Un mot c'est-à-dire une pensée très définie vers le bien. Par guérison, on entend non seulement la guérison du corps mais aussi toutes questions relatives à l'esprit, à l'argent, aux relations familiales, aux affaires, et aux conditions financières tant pour vous-même que pour un autre.

Votre conscient est sélectif, donc ne vous attardez pas aux doutes, à l'anxiété, aux critiques etc.. La vie est dure pour les sceptiques et les incrédules. Le mot, c'est votre conviction, ce que vous croyez réellement. Ce n'est pas en bousculant les choses ou en ayant recours à la coercition qu'on voit ses prières exaucées. Essayer de forcer son subconscient à faire quelque chose c'est un peu comme la femme qui dirait: "Ce problème doit être réglé d'ici samedi; c'est extrêmement important."

Plutôt que d'être tendu et inquiet, remettez votre demande à votre subconscient, en toute quiétude, avec foi et confiance, sachant que, tout comme la graine que vous semez dans le sol croît selon ses caractéristiques, ainsi la réponse à votre demande mûrira selon votre désir.

Un problème? Son enfant le règle pour lui

Il y a quelques temps, un homme m'a raconté qu'il s'était trouvé au bord de la faillite, ce qui le désespérait, car cet échec allait aussi entraîner des pertes sérieuses pour plusieurs personnes. Il demanda à son enfant de prier Dieu qu'il lui procure la paix et la liberté car, lui dit-il, "Papa a de gros problèmes" et tout à coup, le secours lui tomba du ciel: des amis proposèrent de l'aider à régler ses difficultés financières.

Sa fille l'avait prévenu qu'un ange lui était apparu en rêve et lui avait dit qu'on s'occupait de son papa: l'enfant l'avait cru, tout naturellement. Lorsque vous priez, il vous faut redevenir comme un petit enfant qui ne connaît ni l'analyse, ni la critique, ni l'indifférence. L'orgueuil spirituel est un obstacle à la prière. Détendez-vous, fiez-vous à votre esprit profond, ayez la foi d'un enfant. Vous aussi, vous recevrez une réponse.

Un banquier compte sur son subconscient

Voici comment un de mes amis, banquier, règle ses problèmes.

Je pense à la Présence Infinie en moi et je médite sur Dieu qui est la Sagesse Infinie, la Puissance Infinie, l'Amour Infini, l'Intelligence Infinie; je sais que rien n'est impossible à l'Être Infini. Dieu s'occupe de ma demande, et j'accepte sa réponse maintenant, dès cet instant. Je te rends grâces, Père.

D'après lui, cette technique d'humilité et de réceptivité est infaillible. Chaque fois qu'une pensée négative se présente à votre esprit, repoussez-la en riant. Détendez-vous mentalement.

Dis seulement une parole et mon enfant sera guéri
(Matthieu 8; 8)

Éprouvez la joie d'une prière exaucée

On entend souvent dire qu'on ne peut éprouver une sensation au sujet d'une chose encore inconnue. Et pourtant, si je vous disais qu'il s'est produit quelque événement extraordinaire, sans vous en révéler les détails, mais en vous tenant en suspens pendant quelques minutes, ne connaîtriez-vous pas une grande joie inattendue? De la même façon vous pouvez éprouver la joie que procure la prière exaucée.

EN RÉSUMÉ

1. Une femme se guérit elle-même d'un glaucome en se pénétrant de l'idée, de la certitude que l'intelligence créatrice de son subconscient, qui avait créé ses yeux, les guérirait. Elle disait seulement cette phrase: "L'Intelligence créatrice qui a créé mon corps, me refait des yeux sains." Elle imaginait son médecin lui disant qu'un miracle s'était produit et qu'elle était complètement guérie.

2. Une femme croyait ses prières pour sa guérison restées sans réponse parce qu'elle nourrissait des sentiments de haine et d'hostilité envers plusieurs personnes. Elle faisait ainsi obstacle à sa guérison et son

état ne faisait que s'aggraver. Elle prit la décision de se pardonner elle-même d'avoir nourri de tels sentiments pernicieux et d'y substituer des pensées à l'image de Dieu. En même temps, elle se mit à déverser des bienfaits aux personnes qu'elle enviait jusqu'à ce qu'elle puisse les rencontrer dans son esprit. À ce moment, la maladie avait disparu.

3. Bill Lear, l'inventeur de l'autobus qui fonctionne à la vapeur et de toute une série d'autres concepts extraordinaires attribue sa réussite à la connaissance qu'il du subconscient. Il étudie un projet de recherche ou d'ingénierie sous tous les angles et lorsqu'il rencontre une impasse dans son esprit et ne peut plus avancer, il remet son idée à son subconscient où, dans l'obscurité, elle mûrit et recueille tous les renseignements nécessaires. Puis lorsqu'il pense à autre chose ou qu'il a oublié ce premier problème, son subconscient lui présente la réponse. Il a amassé une fortune de plus de 28 millions de dollars en puisant des idées créatrices dans son subconscient.

4. On peut prier sans cesse sans nécessairement prier toute la journée: cela veut dire tout simplement qu'il faut penser de façon positive et avec amour. Un homme aime sa fille d'un amour indéfectible, inlassable. Il travaille durant la journée, mais chaque fois que sa pensée se tourne vers elle, son coeur se remplit d'amour. L'amour est éternel et reste toujours jeune: jamais il ne disparaît. Un homme dont l'enfant avait été adoptée souhaitait la revoir; son subconscient répondit à son amour et lui fit voir l'endroit où elle se trouvait: il s'ensuivit une joyeuse réunion.

5. Vous ne connaîtrez pas la réussite en imprégnant votre subconscient au moyen d'une coercition mentale. Détendez-vous et présentez votre prière avec foi et confiance, sachant au fin fond de votre coeur que la réponse ne saurait manquer.

6. Un homme au bord de la faillite fut pris de panique et demanda à son enfant de prier pour lui: celle-ci avait une foi absolue que Dieu viendrait en aide à son père. Son subconscient lui présenta la réponse sous la forme d'un ange radieux qui l'assura que son père serait protégé. Des amis vinrent au secours du père et il évita la faillite. Dans la prière, nous devons mettre de côté notre moi, notre faux orgueuil et accepter comme vraie ce que notre raison et nos sens nient.

7. Un banquier règle les problèmes les plus difficiles en pensant à Dieu sous tous les angles: Amour sans bcrnes, Harmonie Absolue, Sagesse sans limites, Intelligence Infinie et Puissance Universelle. Puis il déclare à son Moi Profond: "Tu t'occupes de cette prière et j'accepte la réponse maintenant, dès cet instant." Il obtient des résultats divins.

8. Si vous voyagiez dans le désert, tenaillé par la soif, n'éprouveriez-vous pas déjà de la joie à la vue d'un oasis au loin? De la même manière, vous pouvez déjà éprouver quelle joie serait la vôtre si votre prière était exaucée dès maintenant. Vous vous réjouiriez si, alors que votre maison est en vente, un acheteur se présentait, prêt à payer le prix demandé. Renversez la situation et le sentiment de joie que vous éprouveriez à la vente attirera l'acheteur vers vous. Action et réaction sont égales l'une l'autre.

14

La télépsychique:
source des joies de la vie

J'ai rencontré la semaine dernière une femme complètement affolée par la nouvelle qu'elle venait d'apprendre: son mari la quittait pour une autre femme. Après trente ans de mariage le choc était rude! Je lui expliquai le sens de cette parole de la Bible: *Je surabonde de joie dans toute notre tribulation.* (II Corinthiens 7; 4) Qu'il vous arrive n'importe quoi, réjouissez-vous à la pensée que Dieu, l'Esprit Vivant et Tout-Puissant présent en votre subconscient, a des choses merveilleuses en vue pour vous: il vous suffit d'ouvrir votre esprit et votre coeur et vous recevrez ce don unique des profondeurs de votre être.

Je lui suggérai de "laisser aller" son mari, et, sachant que Dieu guide ses pas, de lui souhaiter une vie remplie de joies, car le véritable amour libère toujours. Et j'ajoutai qu'elle devait comprendre que ce qui était bon pour lui était bon pour elle. Elle libéra donc complètement son mari et celui-ci obtint un divorce à Las Vegas. Constamment, elle se répétait: "Je me réjouis et rends grâces, car les merveilles et les bénédictions de Dieu sont à l'oeuvre dans ma vie en ce moment."

En réponse à son attitude télépsychique, (rien d'autre en somme qu'une communication consciente avec la sagesse de son subconscient) son ex-mari, remarié maintenant, eut un geste étonnant: il lui consentit 50 000$ de plus que l'entente de divorce n'exigeait. Un peu plus tard, l'avocat qui s'était occupé de sa cause lui demanda de l'épouser: elle accepta, ils se sont épousés et filent maintenant le parfait bonheur. (J'ai eu moi-même le privilège d'officier à la cérémonie de leur mariage.)

Je sais ce qu'est la télépsychique m'a-t-elle dit: c'est une communication avec l'infini: elle avait réalisé la signification profonde de *se réjouir dans la tribulation.* Cela ne veut pas dire se réjouir de ce qu'on éprouve des souffrances ou des tracas mais plutôt se réjouir et rendre grâces parce qu'on sait qu'il existe une Puissance Infinie de Guérison, toujours prête à guérir et à raviver votre être, pourvu que votre esprit et votre coeur leur soient ouverts; cela veut dire aussi se réjouir de ce que la Vie Infinie vous souhaite plus de liberté, de joie, de bonheur, de paix et de vitalité, en d'autres termes une vie plus riche. Cette vie essaie toujours de s'exprimer, par votre intermédiaire, à des échelons toujours plus élevés. Pratiquez la télépsychique, communiquez avec les richesses infinies de votre esprit et vous en recevrez une merveilleuse réponse.

Avec la télépsychique, il goûte enfin au succès

J'ai rencontré, il y a quelques années, un homme avec des antécédents brillants qui pourtant, comme il le disait lui-même, "n'arrivait jamais à rien." Il ignorait tout de son psychisme et de la façon de communiquer avec lui.

Je lui expliquai qu'il y a un lien certain entre la réussite d'une personne et ses pensées ou son imagination: la réussite est impossible à quiconque ne s'identifie pas avec le succès. Connaître le succès signifie tout réussir dans la vie: les prières qu'on voit exaucées, les relations avec son entourage, la carrière de son choix et les communications avec son propre psychisme.

Cet homme, quant à lui, s'était identifié avec la défaite, la peur et l'échec et cela, depuis de nombreuses années. Il décida donc de changer totalement d'attitude et il se pénétra des pensées suivantes:

> *Mentalement et émotionnellement, je suis maintenant identifié au succès, à l'harmonie, à la paix et à l'abondance. Je sais qu'à partir de cet instant, je deviens comme la force vive qui ranime les pouvoirs de mon psychisme (subconscient) et amène mes pensées à se concrétiser.*

Plusieurs fois par jour, il récita ces vérités avec ardeur et conviction. Si des sentiments de crainte ou d'échec l'envahissaient, ces pensées négatives qui voulaient se glisser dans son esprit, il les remplaçait par ces mots: ''Je connais dès maintenant le succès et la richesse.'' Au bout d'un certain temps, ces pensées négatives perdirent toute leur force et il devint un homme qui pense droit, de façon constructive, c'est-à-dire qui s'appuie sur les principes et les vérités éternelles.

Au cours de cette communication avec son âme, désignée sous le nom de télépsychique, il éprouva un vif désir d'enseigner les lois spirituelles et mentales aux autres et c'est ce qu'il fait maintenant. Son travail lui plaît beaucoup et il a connu des réussites étonnantes dans toutes les sphères de sa vie. Dès qu'il se mit à communiquer correctement avec son psychisme, la réponse vint, qui lui révéla sa vraie place dans la vie et, en même temps lui ouvrit toutes les portes pour l'aider à réaliser tout ce que son coeur désirait.

Quand on fait ce qu'on aime, on connaît le bonheur et la réussite.

La télépsychique nous enseigne que la loi qui lie est aussi celle qui libère

Que vos pensées se tournent vers le bien, il s'ensuivra du bien; pensez au manque, vous connaîtrez le manque. Tout pouvoir se prête à deux utilisations différentes. Si, consciemment, vous vous attardez à des pensées d'harmonie, de santé, de paix, d'abondance et d'action droite, vous récolterez ce que vous semez. Si, par ailleurs, consciemment, vous vous attardez à des pensées d'échec, de manque et de peur, vous expérimenterez les résultats de vos pensées négatives.

Concentrez-vous souvent sur des pensées à l'image de Dieu et les miracles fleuriront dans votre vie. Le vent est le même qui pousse le navire sur les récifs ou le ramène au port. *Un navire va vers l'est, un autre vers l'ouest et pourtant un même vent les emporte. Ce sont les voiles et non les vents qui dirigent notre esquif.*

Le grand écrivain Tennyson a dit "Ce que la prière peut accomplir dépasse nos rêves les plus hardis." La prière est une façon de penser, une attitude mentale constructive où on ne perd jamais de vue que tout ce qui s'enregistre dans le subconscient se réalisera sur l'écran de l'espace.

Une mère doit la vie aux pouvoirs télépsychiques de son enfant

Un garçon de dix ans, fidèle auditeur de mon émission

radiophonique du matin, m'a écrit pour me dire qu'il récitait tous les soirs avant de s'endormir, la prière que je lui avais fait parvenir il y a quelques mois. La voici:

Je m'endors dans la paix, je m'éveille dans la joie. Dieu nous aime ma mère et moi et il veille sur nous: à chaque moment de chaque jour il me dit ce que je dois savoir.

Ce petit garçon avait souvent des cauchemars mais l'utilisation quotidienne de cette prière l'en avait guéri.

Un jour, après l'école, alors que sa mère préparait le repas à la cuisine, il se précipita tout à coup dans la pièce en criant: "Maman, sors vite! Il va y avoir une explosion!" Sa mère, le regardant, le vit pâle et tout tremblant de peur et tous deux sortirent en hâte de la maison. Quelques secondes plus tard, une formidable explosion retentit dans la cuisine, causée par une fuite de gaz, et détruisit partiellement cette aile de la maison. L'enfant avait entendu une voix intérieure lui ordonnant ce qu'il devait faire et dire.

Voilà la télépsychique à l'oeuvre. Chaque soir cet enfant avait dit dans ses prières que Dieu ou l'Intelligence Infinie, veillait sur sa mère et lui, et lui dirait tout ce qu'il devait savoir. Sa constante communication avec son psychisme avait obtenu la réponse qu'il fallait pour sauver la vie de sa mère.

Par la télépsychique elle chasse les "petits renards"

Il y a quelques mois, j'ai rencontré une jeune femme qui venait de divorcer pour la quatrième fois. Elle était pleine de ressentiment et de jalousie, ces deux "petits renards" qui sont comme de vrais poisons de l'esprit. Son ressentiment profond à l'égard de son premier mari, à qui elle n'avait jamais pardonné, la portait à attirer le même type d'hommes selon les lois de l'attraction subconsciente. En fait, elle n'avait personne d'autre à blâmer qu'elle-même.

Elle commença à comprendre alors quel sentiment négatif et destructif avait pris naissance en elle, que ce ressentiment causait une douleur psychique qui affaiblissait tout son organisme et créait un mécanisme d'auto-destruction. Détester c'est exercer sa revanche sur soi.

L'autre "petit renard" c'est la jalousie, fille de la peur, jumelée à un intense sentiment d'insécurité et d'infériorité. Ainsi que cela se produit souvent, l'explication contient aussi le remède. Cette jeune femme se rendit compte que la jalousie consiste à placer une autre personne sur un piédestal et à se déprécier soi-même. Elle cessa de se comparer aux autres et comprit qu'elle était un être unique sans réplique dans l'univers, douée de la capacité de se pénétrer de ses désirs et que son subconscient accréditerait ce qu'elle intériorisait comme vrai.

Elle se mit à réciter la prière suivante:

Je remets mes ex-maris à Dieu sans réserve, et je leur souhaite sincèrement les meilleures choses du monde. Je sais profondément que leur réussite est la mienne: que la fortune qui échoit à mon prochain, m'échoit aussi; que l'amour et la jalousie ne peuvent cohabiter. Je répète régulièrement que l'amour divin remplit mon âme et que la paix de Dieu inonde mon esprit.

J'attire maintenant un homme qui est mon âme-soeur; entre nous règnent l'amour, la liberté et le respect. Je me pardonne mes pensées négatives. Chaque fois que l'image d'un de mes ex-maris se présentera à mon esprit, je remplacerai l'idée que j'avais de lui, par une autre toute de bonté et de paix. Je saurai que j'ai pardonné à chacun d'eux quand je n'éprouverai aucune rancoeur en pensant à eux. Je suis en paix.

Elle répéta ces vérités plusieurs fois par jour, sachant qu'ainsi elle les gravait dans son subconscient. Une profonde transformation se produisit en elle, tant interne qu'externe. Elle a maintenant épousé un pasteur, un homme remarquable, et leur voyage terrestre les mène toujours plus haut, toujours plus loin, les rapprochant de Dieu.

Cette femme a appris que le ressentiment est un lien qui vous attache irrévocablement à la personne haïe. Pardonnez à la personne qui vous a blessé, bénissez-la, et vous vous libérerez de ce lien. Lorsque ce pardon sera réel, l'image mentale de cette autre personne, en se présentant à votre esprit, ne vous fera plus tressaillir: la rancoeur aura disparu pour céder la place à la paix. L'amour et la bonne volonté ont chassé ...*Les petits renards ravageurs de vignes.* (Le Cantique des Cantiques 2; 15)

EN RÉSUMÉ

1. Il peut sembler paradoxal de se réjouir dans la tribulation: tout ce que cela signifie toutefois c'est que vous savez qu'en vous tournant vers la Présence Réelle, Elle vous répondra, vous guérira, séchera vos

larmes et vous dirigera vers la voie royale du bonheur et de la paix de l'esprit. Une femme que son mari avait quittée se mit à se réjouir de ce que Dieu avait sûrement des choses merveilleuses en réserve à son intention. Comme elle persévérait dans le pardon, elle découvrit que son ex-mari fit tout ce qu'il pût pour l'aider financièrement; peu de temps après, elle attira vers elle l'homme de ses rêves et elle est maintenant mariée et heureuse. Elle se réjouit de la bonté de Dieu pour cette terre des hommes; la télépsychique lui rapporta des dividendes inespérés.

2. La réussite est réellement impossible à quiconque ne s'identifie pas avec le succès. Le succès signifie tout réussir dans la vie. Imprégnez votre esprit d'idées de succès et de richesse et lorsque des pensées négatives d'échec et de peur se présentent, remplacez-les immédiatement par des idées de succès et de richesse. Au bout d'un certain temps, votre esprit sera *conditionné* au succès et à la richesse. En communiquant avec votre psychisme de cette façon, vos talents et dons réels vous seront révélés et vous serez contraint de réussir.

3. La loi qui vous lie est aussi celle qui vous libère. Pensez à du bien, il s'ensuivra du bien; ayez des pensées négatives et il s'ensuivra des choses négatives. Si jusqu'ici vous avez imprégné votre subconscient avec des idées de manque, de limitations et d'échec vous pouvez immédiatement modifier cette formule en occupant votre esprit de pensées de succès, de prospérité, de paix, d'harmonie et d'action droite. Vous effacerez les anciens schémas et votre subconscient vous libérera de votre servitude ancienne.

4. Un jeune garçon sauva sa mère d'une explosion dans sa cuisine. Tous les soirs il pratiquait la télépsychique en communiquant avec la sagesse de son subconscient en demandant que l'amour et l'intelligence de son esprit profond veille sur sa mère et sur lui. Son subconscient, qui était au courant d'une fuite de gaz dans la cuisine où sa mère était occupée, lui transmit un ordre impérieux par sa voix intérieure. Il cria à sa mère de sortir immédiatement, ce qu'elle fit et ils eurent tous deux la vie sauve. C'est cela la télépsychique à l'oeuvre. Il existe en vous une sagesse qui sait tout et voit tout et lorsque vous lui demandez de vous révéler à chaque moment de chaque jour ce que vous devez savoir, la sagesse le fera, et bien d'autres choses encore.

5. Le ressssentiment agit à la façon d'un rivet: c'est un poison mental destructif qui vous enlève toute vitalité et tout enthousiasme. La jalousie est fille de la peur et est basée sur un sentiment d'insécurité et d'infériorité. Une femme qui nourrissait ces deux "petits renards", avait attiré quatre maris, les uns pires que les autres. Son attitude psychique subconsciente de ressentiment et de jalousie avait attiré le même type d'homme suivant la loi de l'attraction des semblables. Mentalement elle se sépara de ses quatre ex-maris en leur souhaitant la santé, le bonheur et la paix. Elle savait que lorsqu'elle aurait réussi à leur pardonner, elle pourrait les rencontrer dans son esprit en toute quiétude et elle y arriva. Elle attira alors un homme remarquable porté vers la spiritualité et ils sont profondément heureux. L'amour et la bonne volonté ont chassé ...*Les petits renards ravageurs de vignes*. (Le Cantique des Cantiques 2; 15)

15

La télépsychique transformera votre vie

Je vous livre la lettre suivante, sans commentaires: la personne qui l'a écrite (et qui m'a autorisé à la publier, avec son nom et son adresse) est un fidèle auditeur de mes émissions radiophoniques qui a aussi lu un de mes ouvrages les plus populaires: *La puissance de votre subconscient.*

Los Angeles, Ca.

Cher Docteur Murphy,

Quand j'ai commencé à écouter votre émission de radio il y a cinq ans, elle m'a tout de suite intéressé parce que vous étiez si catégorique et si positif dans vos déclarations, dont beaucoup étaient diamétralement opposées à ce qu'on m'avait dit tout au long de ma vie, et j'ai près de cinquante ans. Aux points de vue financier, spirituel et familial, ma vie était un gâchis alors je me suis dit qu'est-ce que j'ai à perdre à suivre ses conseils? Autant lui donner une chance!

Je me suis mis à assister à vos conférences du dimanche matin au Wilshire Ebell Theatre et j'achetai aussi votre livre: **La puissance de votre subconscient.** *Ce livre m'a fait changer d'idées complètement. Et à mesure que mes idées changeaient, les circonstances de ma vie aussi, c'est forcé.*

Quand j'ai commencé à assister à vos conférences, je n'avais qu'un vieux tacot et je le garais assez loin de l'hôtel pour ne pas avoir trop honte. Tout allait mal: je n'avais pas de travail et je ne savais même pas où ni comment en trouver; ma famille et moi vivions les uns sur les autres dans un tout petit appartement et je ne payais pas mon loyer depuis des mois. J'étais on ne peut plus découragé et je ne savais pas de quel côté me tourner.

Et bien, docteur Murphy, les choses ont pas mal changé depuis, tellement que certains jours je suis porté à me pincer pour savoir si c'est bien à moi que tout cela arrive. Et je vous dois tellement car ce sont vos enseignements qui m'ont indiqué quelle route prendre. J'ai lu plusieurs de vos livres depuis ce temps.

Je suis maintenant en affaires à mon compte, et je suis réellement content parce que les affaires vont bien; nous sommes maintenant propriétaires d'une grande maison confortable, avec vue sur la montagne; ma femme et moi avons chacun notre voiture équipée de tous les accessoires. Nous nous sommes fait beaucoup d'amis intéressants; tous nos enfants (6) sont bien mariés et réussissent en affaires. Je ne sais vraiment pas ce que nous pourrions demander de plus; oui vraiment, **ma coupe déborde.**

Je m'engage à vous verser 5$ par mois pour vous aider à poursuivre votre ministère à la radio, pour vous aider à continuer à dire les choses "telles qu'elles sont". Merci du fond du coeur et que Dieu vous couvre de bénédictions.

Mes bons voeux vous accompagnent

(signé)   Louis Menold

P.S.   *Vous pouvez utiliser ce témoignage comme bon vous semble y compris mon nom et mon adresse, que voici:*
2688 Banbury Pl, Los Angeles, Ca. 90065.

La télépsychique accomplit des prodiges pour cet entrepreneur

Il y a quelques jours, j'ai eu une conversation fort intéressante avec un entrepreneur: il m'a raconté que depuis plus de trente ans, la plupart de ses problèmes trouvent une solution au cours de ses rêves. Avant de s'endormir, il dit à son subconscient:

Je vais rêver cette nuit; demain matin je me rappellerai ce rêve. La solution m'y sera donnée et dès que je l'aurai reçue, je m'éveillerai pour la noter sur le carnet placé exprès sur ma table de nuit.

Il pratique cette méthode depuis des années et il a reçu des réponses des plus extraordinaires de cette façon. Récemment, il avait besoin d'un prêt de 50 000$, que toutes les banques lui refusaient. Dans un rêve, un vieil ami lui dit: "je vais te donner cet argent." Il s'éveilla immédiatement, nota le message et le lendemain matin, il téléphona à cet ami qu'il n'avait pas revu depuis vingt ans. Il obtint le prêt sans problème.

Une autre fois, alors qu'il avait des ennuis avec son fils, sa mère lui apparut en rêve: elle lui dit que ce fils souhaitait se faire prêtre et lui conseilla de le laisser agir à sa guise ce qui mettrait fin à ses frustrations. Cet homme eut une conversation avec son fils et découvrit que c'était bien là la solution. Il n'a plus jamais eu de difficultés avec lui.

Cet entrepreneur demandait à son subconscient, qui sait tout, de lui révéler des réponses dans ses rêves et comme le subconscient est toujours sensible aux suggestions, il répond en accord avec la suggestion reçue. Les personnes qui apparaissent dans ses rêves sont des créations de son subconscient qui lui révèlent des solutions d'une manière telle qu'il leur fait totalement confiance. Et c'est ainsi que ses rêves lui ont suggéré des gestes qui ont parfaitement réussi à régler des problèmes personnels.

N'attendez pas un instant de plus pour régler vos difficultés

Avant de vous endormir, concentrez-vous sur la solution de tout problème angoissant et espérez en toute confiance, comme cet entrepreneur, que vous rêverez la réponse. Bientôt vous verrez les choses sous un autre jour et ce problème qui vous semblait d'abord insoluble, recevra une solution complète qui vous sera présentée soit dans vos rêves soit dès le matin, au réveil.

Elle surmonte ses frustrations

J'ai eu une longue conversation récemment avec une femme qui se plaignait de ce que sa belle-mère "la rendait folle", elle ne cessait de répéter cela comme un vieux disque usé. Son subconscient, lui dis-je, accepte au pied de la lettre tout ce qu'elle dit: si elle persiste à répéter qu'elle va devenir folle, son subconscient prendra cela pour une demande et créera des états mentaux anormaux, possiblement proches de la psychose.

Quand je lui expliquai que sa belle-mère n'avait aucun pouvoir de la troubler, elle changea d'attitude et se répéta calmement:

Mon corps est ici dans cette maison, cependant que mes pensées et mes sentiments se trouvent dans l'Infinie Présence à l'intérieur de moi. Dieu est mon guide, mon conseiller, ma fontaine, ma source d'approvisionnement. La paix divine remplit mon âme et je me sens dans les voies divines comme dans ma propre demeure. Jamais plus je n'accorderai de pouvoir à d'autre que l'Esprit en moi qui est Dieu.

Cette femme fit le vide en elle et chaque fois qu'elle pensait à sa belle-mère ou que celle-ci faisait des remarques désobligeantes, elle se disait: "Dieu est mon guide, Il pense, parle et agit à travers moi. Je te rends ta liberté." Elle usa de cette tactique pendant environ une semaine au bout de laquelle sa belle-mère fit tout simplement ses valises et partit.

Après avoir compris que ses problèmes émotionnels ne pouvaient pas être imputés à sa belle-mère, la jeune femme avait pu leur trouver une solution. Que cela nous apprenne à tous à ne jamais attribuer de pouvoir aux gens ou aux circonstances mais à faire plutôt confiance à l'Unique Puissance créatrice en vous: l'Esprit Vivant et Tout-Puissant.

Sachez que
rien ne peut vous atteindre

J'eus l'occasion de rencontrer il y a quelque temps un membre du congrès américain: cet homme avait été calomnié, noirci et accusé de tous les crimes, mais il avait appris à ne pas se laisser déranger par cela. Il avait compris me dit-il que ce ne sont pas les faits et gestes des autres qui importent mais nos propres réactions envers ceux-ci. En d'autres termes, la cause prend toujours naissance dans nos pensées: il se fit donc une habitude de communier avec la Présence Divine en lui en disant: "La paix de Dieu inonde mon esprit et mon coeur. Dieu m'aime et veille sur moi."

Il fait face maintenant à toutes les critiques et à toutes les attaques en s'identifiant à l'Être Divin en lui. Cette attitude est devenue comme une seconde nature chez lui de sorte qu'il s'est construit une immunité à tous les traits acérés que la critique ne manque jamais de diriger vers lui de temps à autre.

La télépsychique dénoue une situation désespérée

À la fin d'une de mes conférences dominicales au Wilshire Ebell Theatre, un homme demanda à me voir. Il y avait comme une lueur au fond de ses yeux et comme un rayonnement qui se dégageait de toute sa personne. Il me raconta que quelques semaines auparavant ses deux fils avaient été tués au Vietnam, que sa femme était morte d'un cancer du cerveau, que sa fille avait succombé à une "overdose" de LSD pendant la longue maladie de sa femme, que ses assistants dans son commerce l'avaient filouté à tel point qu'il avait dû se déclarer en faillite.

Ce sont là de très pénibles épreuves et pendant longtemps il s'était senti désemparé. Jusqu'au jour où sa fidèle secrétaire lui remit un exemplaire du livre *(La dynamique de l'Esprit et ses miracles.)* Il le lut avec beaucoup d'intérêt et en particulier le chapitre intitulé "Toute fin est aussi un commencement", où l'on parle de la mort des êtres chers. Cela lui ouvrit de nouveaux horizons et il vit les choses sous un autre jour. Son état de désarroi s'évanouit et il ressentit un extraordinaire sentiment de paix intérieure: le poids avait disparu et il sentait comme une illumination.

Après cette conférence, dont le titre était "N'attendez que du bon de la vie", il demanda sa secrétaire en mariage et elle accepta. Une semaine plus tard, ils se mariaient devant moi.

Cet homme a réussi à se recréer une nouvelle vie plus riche: à titre de commis de l'État, il accomplit maintenant des missions spéciales et bénéficie d'un bon revenu conforme à son caractère honnête et intègre.

Comme vous pouvez le constater, aucune situation n'est désespérée lorsqu'on établit le contact avec l'Infini en soi.

Un médecin pratique une thérapeutique des mots

Un bon ami à moi, le Dr Dan Custer de San Francisco qui fit de nombreuses conférences dans cette ville sur la science de l'esprit, pratiquait ce qu'il appelait une "thérapie des mots." Ainsi, par exemple, s'il se sentait tendu, il répétait silencieusement le mot "paix" sans arrêt; lorsqu'il avait des craintes ou des soucis à propos de quelque sujet, il répétait silencieusement "invincibilité" et lorsqu'un problème grave se présentait il disait sans arrêt "victoire".

Le Dr Custer disait que cette pratique avait opéré des prodiges toute sa vie. En invoquant ces mots, il activait les pouvoirs latents de son subconscient qui devenaient de puissants facteurs agissant dans sa vie.

EN RÉSUMÉ

1. Une femme qui pensait de façon négative depuis cinquante ans lut *La puissance de votre subconscient* et fit de sa vie désoeuvrée une vie remplie de paix et de bonheur. Toutes les phases de sa vie se sont trouvées transformées à mesure qu'elle appliquait les techniques qui y sont expliquées.

2. Vous pouvez vous adresser à votre subconscient avant de vous endormir et l'orienter comme suit: "Je vais rêver cette nuit et demain matin je me rappellerai ce rêve. La solution m'y sera donnée et dès que je l'aurai reçue je m'éveillerai pour la noter sur le carnet placé exprès sur ma table de nuit." Votre subconscient est sensible à la suggestion et vous serez étonné des réponses que vous recevrez. Pratiquez cette technique avec ardeur et confiance et vous obtiendrez des résultats probants.

3. Avant de vous endormir concentrez-vous sur la solution de tout problème angoissant: la sagesse de votre subconscient peut trouver une solution pendant votre sommeil et vous la présenter toute prête.

4. Votre subconscient accepte au pied de la lettre tout ce que vous lui dites. Aucune autre personne n'a le pouvoir de vous troubler sans votre consentement mental. Votre corps peut être présent dans un lieu cependant que votre pensée est avec Dieu au plus profond de votre être. La cause ne provient pas de l'autre personne mais de votre propre Esprit. Branchez-vous sur l'Infini, pensez, parlez et agissez selon le point de vue de l'Unique, du Merveilleux et du Bien. Bénissez vos ennemis: comprenez qu'ils sont à leur vraie place selon l'ordre divin, tout comme vous, et préparez-vous à un heureux dénouement.

5. Ce ne sont pas les faits et gestes des autres qui vous troublent mais votre réaction envers ceux-ci. Construisez-vous une immunité en contemplant la présence de Dieu en vous. Faites-en une habitude et vous développerez des anticorps spirituels aux pensées et paroles négatives des autres.

6. Aucune situation n'est désespérée. Lorsqu'un être cher meurt, prenez conscience que toute fin est aussi un commencement et réjouissez vous de sa renaissance en Dieu. Les disparus opèrent dans la quatrième dimension de la vie et possèdent un nouveau corps. Durant ce voyage sans fin, ils ont droit à votre amour, à vos prières et à vos bénédictions. Un

homme lut le chapitre "Toute fin est aussi un commencement" dans l'ouvrage *La dynamique de l'Esprit et ses miracles* et toute sa vie en fut transformée comme par une illumination venue du Très-Haut.

7. Vous pouvez pratiquer la thérapeutique des mots. Dans la peur, dites silencieusement "invincible"; dans le désarroi, dites "paix"; en face d'un problème, dites "victoire" et dans l'inquiétude dites "tranquillité". À mesure que vous répétez ces mots, vous attirez les pouvoirs latents de votre subconscient et votre vie se remplit de prodiges.

16

La télépsychique: la puissance d'une nouvelle image de vous-même

Il y a un mois, je me suis rendu à Reno à la requête expresse d'un couple marié depuis vingt ans qui songeait à divorcer. En parlant avec eux, je découvris que la femme avait l'habitude de toujours humilier son mari et elle admit qu'il lui arrivait souvent de lui lancer des injures en public ou même chez des amis. Quant à lui, il se plaignait de ses accusations constantes d'infidélité, ce qui n'était que pure imagination chez elle.

Des crises de colère en série

Cette femme avait un très sale caractère, souffrait d'une jalousie intense, et refusait obstinément d'admettre toute responsabilité dans ses problèmes conjugaux. Le mari, plutôt passif, se soumettait totalement à ses sautes d'humeur et à ses attitudes tyranniques. Évidemment, il est facile de dire qu'un homme qui supporte une conduite pareille chez sa femme est aussi un peu à blâmer.

Cette femme raconta que dans sa famille, sa mère était la figure dominante, qu'elle avait mené son père par le bout du nez et l'avait trompé à gauche et à droite. "Ma mère dit-elle, n'avait aucun principe. Elle était cruelle, négligente; mon père, lui, était un peu sot, un bon garçon qui fermait les yeux à toutes ses incartades et lui était totalement soumis."

Je lui expliquai les raisons de son comportement: pour commencer elle avait été privée d'amour ou d'affection réelle dans son enfance; sa mère était probablement jalouse d'elle ce qui fit qu'elle-même se sentait inférieure et indésirable. En réaction, elle s'était construit une carapace depuis une vingtaine d'années, afin d'éviter d'être blessée. Sa jalousie provenait d'un sentiment de crainte, d'insécurité et d'infériorité. Je lui fis remarquer que son problème majeur tenait à ce qu'elle refusait d'aimer et de faire preuve de bonne volonté.

Les tristes conséquences de la frustration

Son mari souffrait d'ulcères et d'hypertension, de rage étouffée et d'un ressentiment profond mais il était si timoré qu'il n'avait jamais osé dire un mot depuis plus de vingt ans qu'il tolérait cette situation dans son ménage.

Le couple se mit à faire un peu d'introspection. La femme comprit soudainement qu'elle avait épousé un homme qui se laissait mener, dénigrer et humilier. Elle se rendit compte qu'elle n'avait aucune affection réelle pour lui. Son instinct possessif, son vif sentiment de jalousie envers son mari et toutes les femmes de sa famille étaient en fait une soif de cet amour dont elle avait été si cruellement privée dans son enfance. Elle constata qu'elle avait épousé une image de son père.

Le mari déclara: "J'ai atteint le bout de mon rouleau. Mon médecin me conseille de partir d'ici. Ces harcèlements continuels me rendent malade. La vie ne peut vraiment pas continuer ainsi."

Toutefois, les deux étaient prêts à donner une autre chance à leur mariage. Il fallait d'abord que la femme décide de mettre fin à tout ce qui blessait et humiliait son mari; quant à lui il devait affirmer ses droits et privilèges comme homme et comme mari, il ne devait plus être si timoré et cesser de tolérer ses crises de colère et ses insultes.

La cure du miroir

Je donnai à chacun ce qu'on appelle la plus simple des prières: on l'appelle la "cure du miroir": la femme accepta de se placer devant un miroir trois fois par jour et de dire avec conviction:

Je suis une enfant de Dieu. Il m'aime et Il veille sur moi. J'émets des radiations d'amour, de paix et de bonne volonté en direction de mon mari et de sa famille. À chaque fois que je pense à mon mari, je dois dire: "Je t'aime et je prends soin de toi." Je suis heureuse, joyeuse, aimante, bonne, conciliante. Chaque jour de plus en plus, je rayonne de l'amour de Dieu.

Elle apprit cette prière par coeur et la répéta devant le miroir: elle savait que ces vérités renaîtraient à la vie car son esprit est comme un miroir qui réfléchit dans sa direction ce qu'elle a placé devant lui. Deux mois plus tard, elle me rendit visite à Beverly Hills. La persévérance et la détermination avaient porté profit: c'est une femme transformée que j'avais devant moi: affable, aimable, bonne, douce et débordante de vie.

La prescription spirituelle du mari consistait pour lui à se mettre devant le miroir deux fois par jour pendant environ cinq minutes et à dire:

Tu es fort, puissant, aimant, conciliant, éclairé et inspiré. Ta vie est une réussite, tu es heureux et prospère. Tu aimes ton épouse et elle t'aime aussi. À chaque fois que tu penses à elle tu dois dire: "Je t'aime et je prends soin de toi." Où étaient la discorde, la douleur et la haine se trouvent maintenant l'harmonie, la paix et l'amour."

L'explication contenait son propre remède. À mesure que cet homme affirmait ces vérités à son sujet il réalisa que même si, au début, il se prenait pour un hypocrite, graduellement, par la répétition, ces vérités se gravèrent dans son subconscient. Les lois du subconscient étant impératives, le mari et la femme furent forcés d'exprimer ce qu'ils avaient imprimé en eux: telle est la loi de l'esprit.

Création d'une nouvelle image de soi

J'ai parlé récemment à un jeune fugueur, que sa tante m'avait amené. En discutant de ses difficultés, il devint évident qu'il avait de sa mère l'image d'une femme autoritaire, qui ne lui donnait ni affection, ni compréhension. D'aussi loin qu'il put se souvenir, depuis sa plus tendre enfance jusqu'à l'âge de quinze ans, c'est par des critiques et des coups que sa mère l'avait forcé à obéir.

Il avait maintenant dix-huit ans et s'entendait mal avec les jeunes filles de son âge, et avec qui que ce soit d'ailleurs, comme il l'admettait lui-même. Sa tante l'avait recueilli chez elle où l'amour et l'entente régnaient. Le jeune homme semblait jaloux de ses cousins qui recevaient tant d'affection de leurs parents.

Je lui expliquai que son attitude actuelle n'était qu'un mécanisme de défense qui le poussait à rejeter les personnes aimables et amicales et que tout cela était dû aux expériences traumatisantes de son enfance. Son père avait quitté sa mère alors que lui-même était bébé: il nourrissait une haine terrible contre son père qu'il ne connaissait pas et qui ne lui avait jamais donné signe de vie.

Ce jeune homme commença à comprendre que, sans aucun doute, sa mère ne s'aimait pas elle-même car il faut d'abord se haïr soi-même avant de haïr qui que ce soit d'autre. Cette haine d'elle-même, elle la projetait sur son ex-mari, sur son fils et sur toutes les personnes de son entourage.

Le traitement de ce jeune homme était simple. Je lui expliquai qu'il lui suffisait de changer l'image qu'il avait de sa mère. En discutant des lois de l'esprit, il comprit que l'image qu'il avait d'elle était aussi celle qu'il se faisait de lui-même car toute image présente dans son esprit prenait forme dans son subconscient et se manifestait dans sa propre personnalité.

La technique était la suivante: dans son esprit, il devait voir sa mère comme une personne heureuse, joyeuse, paisible et aimante. Il l'imaginait souriante et radieuse qui l'embrassait en lui disant: "Je t'aime et je suis heureuse de ton retour."

Six semaines plus tard, le jeune homme donna de ses nouvelles. Il était revenu à Reno, avec sa mère cette fois, et avait trouvé du travail intéressant dans l'électronique. Il s'était défait de l'ancienne image, destructrice et haineuse, de sa mère. En même temps, il avait développé une nouvelle image de lui-même, ce qui avait transformé sa vie. L'amour divin était entré dans son coeur: l'amour transforme tout à son image, il libère, il donne: c'est l'esprit même de Dieu à l'oeuvre.

La puissance de l'amour d'une femme

La livraison d'août 1969 du Fate Magazine (Magazine du destin) contenait l'article suivant:

> *Au printemps de 1968, une femme d'un mètre cinquante environ et pesant à peine cinquante kilos réussit à soulever une voiture de plus de 700 kilos pour sauver la vie de son père. Janet K. Stone, vingt ans, est la fille de Robert H. Stone de Covina, en Californie. Celui-ci effectuait des réparations sur sa voiture lorsque le cric céda, entraînant la chute de la voiture sur lui. Janet entendit ses appels à l'aide et le découvrit cloué sous la voiture. Dans une formidable démonstration d'énergie, elle réussit à soulever la voiture, à libérer son père puis à le transporter dans sa propre voiture pour le conduire à l'hôpital.*

L'amour de cette jeune fille pour son père et son désir intense de lui sauver la vie à tout prix avait pénétré dans son esprit, amenant le Tout-Puissant à réagir à ce point de convergence de son attention. Cette puissance lui avait donné la force d'accomplir une tâche surhumaine. Rappelez-vous que toute la puissance de l'Infini est en vous, qui vous permet d'accomplir des choses extraordinaires dans toutes les sphères de la vie.

Il aime la nouvelle image de lui-même

Un chanteur renommé, vedette du spectacle à l'un des casinos de Las Vegas, m'a raconté qu'il avait été garçon de table pendant quelques années, mais qu'il avait toujours voulu être chanteur. Parmi les amis qui avaient entendu sa voix plusieurs lui disaient qu'il possédait tous les atouts pour réussir une carrière éblouissante.

Un client du restaurant lui remit le livre *La puissance de votre subconscient,* et il le lut avec beaucoup d'intérêt. À tous les soirs dit-il, il pratiquait une des techniques expliquées dans le livre: pendant une dizaine de minutes, il s'asseyait dans le calme, puis s'imaginait sur scène, chantant devant un auditoire de choix: il s'en faisait une image mentale très riche et très réaliste, imaginant les applaudissements de l'auditoire et les compliments de ses amis, voyant leurs sourires et leurs poignées de main comme si tout cela était réel.

Au bout d'environ trois semaines, une occasion se présenta et une nouvelle carrière s'ouvrit devant lui. Il vécut de façon concrète ce qu'il avait imaginé et senti abstraitement. L'amour est un lien émotif et à mesure qu'il s'identifiait à cette image plus positive de lui-même, son subconscient réagit aussi et il put ainsi réaliser les espoirs qu'il nourrissait dans son coeur.

L'amour: un remède puissant

Il y a deux ans environ, je rendis visite à un homme d'affaires hospitalisé pour une crise cardiaque: du zona le faisait aussi terriblement souffrir. Il semblait qu'un concours de circonstances l'avait ruiné physiquement et financièrement. À la suite de mauvais investissements il avait perdu presque toutes ses économies. Et par dessus tout, la mort lui faisait véritablement peur.

À ce moment, je fis appel à l'amour principal de sa vie: celui qu'il avait pour sa fille de quinze ans, son unique enfant. Elle avait besoin de lui car elle désirait poursuivre ses études en vue de trouver du travail. J'insistai sur le fait que, puisqu'il adorait sa fille et avait dû jouer le rôle de mère auprès d'elle (sa femme était morte à la naissance de l'enfant), il devait maintenant se préoccuper de lui fournir tous les avantages que seuls des parents aimants peuvent prodiguer.

Je lui transmis une technique très simple: il devait s'imaginer de retour chez lui, se promenant dans ses appartements, s'assoyant à son bureau, ouvrant son courrier, répondant au téléphone et éprouvant de façon naturelle, la réalité de la tendresse de sa fille dans son propre foyer.

Je lui remis une prière qu'il devait répéter avec ardeur et conviction plusieurs fois par jour: "Père, je te rends grâces pour la guérison miraculeuse en voie de se produire. Dieu m'aime et veille sur moi." Il suivit ces directives à la lettre et quelques semaines plus tard, alors qu'il était toujours hospitalisé mais s'imaginait de retour chez lui, il lui sembla soudain que quelque chose se passait. "J'eus l'impression de passer de l'obscurité à la lumière aveuglante. Je sentais l'amour divin remplir mon coeur. De la misère la plus profonde, je fus transporté au paradis."

Il a connu une guérison remarquable et aujourd'hui cet homme est heureux, joyeux et ses affaires marchent rondement. Il a récupéré ses pertes d'argent et sa fille est à l'université.

Quant une personne est souffrante et déprimée, il est bon de faire appel à l'amour qui domine sa vie, car l'amour vainc tous les obstacles.

EN RÉSUMÉ

1. Une personne jalouse est réellement malade car elle souffre d'un sentiment profond d'insécurité, de crainte et d'infériorité. Très souvent, c'est chez une personne privée d'amour ou d'affection par ses parents qu'une jalousie maladive se manifestera.

2. Un couple qui pensait à divorcer après vingt ans de mariage me fournit les renseignements suivants: le mari souffrait d'hypertension et d'ulcères causés par une rage et un ressentiment profonds. Le problème primordial de la femme était qu'elle refusait d'aimer et de faire preuve de bonne volonté. Le mari se laissait dénigrer, manipuler et humilier. Toutefois ils étaient prêts à donner une dernière chance à leur mariage. Le premier pas consistait pour la femme à mettre fin à tout ce qui blessait et humiliait son mari, lequel, pour sa part, accepta de s'affirmer et de ne plus tolérer les accès de colère de celle-ci. Tous les deux, ils suivirent "La cure du miroir": la personne se tient devant le miroir et dit: "Je suis heureuse, joyeuse, aimante, conciliante et bonne et de plus en plus chaque jour, je rayonne de l'amour divin." Chacun comprit que tout ce que l'on affirme en disant "je suis", on le devient effectivement. Le secret de

leur réussite tient à ce que chaque fois que l'une pensait à l'autre, immédiatement il ou elle devait dire: ''Je t'aime et je veille sur toi.'' À force d'imprégner leur subconscient de ces vérités éternelles, une transformation se produisit.

3. Un adolescent s'était enfui de chez lui pour échapper à sa mère autoritaire et cruelle; il avait beaucoup de mal à s'entendre avec les autres et tout cela était dû aux souvenirs traumatisants de sa petite enfance. La cure était très simple: il lui suffisait de pratiquer la grande loi de la substitution. Dans son esprit, il vit sa mère en femme heureuse, joyeuse, paisible et aimante. Il l'imaginait, souriante et radieuse, qui l'embrassait en lui disant: ''Je t'aime et je me réjouis de ton retour.'' Tandis qu'il imprégnait son esprit de cette nouvelle image et d'une idée d'amour, il retourna chez sa mère et les retrouvailles furent très émouvantes. L'amour rejette tout ce qui lui est étranger.

4. Une jeune fille d'un mètre cinquante pesant cinquante kilos à peine souleva une voiture de 700 kilos sous laquelle gisait son père, réussit à le retirer de sa fâcheuse position et lui sauva la vie. L'idée de sauver son père s'était emparée de son esprit, et la puissance de l'Infini y avait répondu. On a raison de dire que l'amour accomplit des miracles.

5. La vie d'un garçon de table de Las Vegas fut transformée par la lecture de l'ouvrage *La puissance de votre subconscient*. Il était doué pour le chant mais ne savait comment exprimer ce talent. Régulièrement, et pendant une dizaine de minutes tous les soirs, il

s'imagina qu'il était sur scène chantant devant un auditoire de choix. Dans son imagination il entendait même les félicitations de ses amis. Il réalisa que tout ce qu'il sentait comme vrai dans son esprit, trouverait un écho approprié dans son subconscient. Au bout de trois semaines, de nouvelles avenues commencèrent à s'ouvrir devant lui et aujourd'hui, il fait une belle carrière de chanteur. Il est devenu amoureux d'une image plus positive, plus riche de lui-même.

6. Un homme d'affaires était ruiné tant physiquement que financièrement. Je fis appel au grand amour qu'il éprouvait pour sa fille, ce qui eut pour effet de susciter chez lui le désir de vivre pour elle. Il parvint ainsi à surmonter sa peur de la mort. À plusieurs reprises durant la journée, il s'imaginait chez lui embrassant sa fille et voyant dans ses yeux tout l'amour qu'elle éprouvait pour lui. Il se voyait derrière son bureau, vaquant à ses occupations journalières; il avait véritablement l'impression que cette scène se déroulait sous ses yeux. Sa prière assidue était: ''Père, je te rends grâces pour la guérison miraculeuse en voie de se produire. Dieu m'aime et veille sur moi.'' Il s'est guéri merveilleusement bien, il a récupéré ses pertes d'argent et sa fille a pu aller à l'université. Dieu est amour et l'amour vainc tous les obstacles.

17

La télépsychique:
un outil pour exploiter
des pouvoirs insoupçonnés

La connaissance des possibilités de votre conscient et de votre subconscient peut être pour vous une source d'inspiration et d'idées créatrices. Votre conscient, aussi appelé esprit objectif, est cette part de votre esprit qui raisonne et analyse: quand vous dormez, il rejoint votre subconscient de façon créatrice tandis que celui-ci assume alors toutes les fonctions vitales de votre organisme. Votre subconscient ne fait qu'un avec l'esprit profond universel et est partie intégrante de toute sagesse et de toute puissance.

Vous pouvez, vous aussi, apprendre à exploiter cet esprit universel, véritable mine d'or, pour en extraire des idées et de l'inspiration dans tous les domaines.

Exploitez l'énergie télépsychique de votre subconscient

Vingt-quatre heures sur vingt-quatre votre subconscient est en contact continue avec le subconscient universel et le courant des idées créatrices circule constamment entre lui et votre conscient.

C'est dans le cadre d'un village de vacances polynésien, recréé au Castaways Hotel à Las Vegas que j'écris ce chapitre. J'y ai retrouvé un ami de longue date, le Dr David Howe, pasteur de l'Église de la Science Religieuse dans cette ville. Nous avons bavardé longuement et il m'a expliqué sa technique: il apaise son esprit en répétant un psaume calmement: puis, son esprit étant dans un état passif, psychique et réceptif, il demande que des idées créatrices lui révèlent la prochaine étape de sa croissance spirituelle. Des idées riches et nouvelles ont ainsi jailli tout à coup lui permettant d'exercer son ministère avec plénitude. Il a pu aussi ajouter des locaux plus vastes à l'église d'une valeur de un demi-million de dollars dont il est le directeur et où il a ses bureaux.

Récemment, peu de temps après qu'il eut demandé l'aide de son esprit profond pour l'organisation de vacances dont il rêvait, un couple est entré dans son bureau et lui a offert des billets en première classe pour un voyage de plusieurs semaines sur un navire luxueux. Ce n'est qu'un des nombreux cadeaux dont lui et ses confrères ont pu profiter grâce à l'exploitation de la sagesse de leur subconscient.

"Sur quel numéro miser?"
La télépsychique apporte la réponse

Au cours des derniers jours, j'ai bavardé avec plusieurs des clients de l'hôtel mais, jusqu'ici, la conversation la plus intéressante est celle que j'ai eue avec un homme de Dublin, Georgie: appelons-le Max.

Je parlais avec lui des pouvoirs du subconscient et Max m'a raconté qu'à chaque année, il vient passer quelques semaines à Las Vegas pour jouer à la roulette, qu'il appelle, lui, "Les numéros." Sa technique consiste à s'allonger sur le dos, à fermer ses yeux, à se laisser aller à un état d'assoupissement et là à parler à son subconscient: "Révèle-moi, dit, les numéros sur lesquels miser demain."

Sa technique réussit infailliblement; il n'en a parlé à personne et il se contente de noter sur un carnet glissé sous son oreiller les numéros qui lui sont ainsi révélés. Ayant ainsi ordonné à son subconscient de le prévenir des numéros gagnants, celui-ci l'éveille à temps pour qu'il ne les oublie pas. La semaine dernière, il a gagné la somme rondelette de 50 000$ dans un des plus grands casinos de la ville ce qui va lui permettre d'amener sa femme et ses enfants en voyage autour du monde.

Dois-je accepter ce poste?

Au cours de ce séjour au Névada, j'avais réservé une journée pour rencontrer les personnes m'ayant réclamé un entretien. Hier donc, j'ai été consulté par une jeune institutrice qui se demandait si elle devait accepter un poste dans un collège de jeunes filles dans l'Est des États-Unis. Je lui ai suggéré d'adresser la requête suivante en toute confiance à son esprit profond avant de s'endormir: "Révèle-moi la réponse à donner à cette offre d'un poste dans l'Est. Je te rends grâces pour cette réponse."

La réponse lui est venue comme un éclair dès son réveil: une voix intérieure lui a dit: "Non". Je me sens maintenant en paix dit-elle, je vais rester où je suis. Cette réponse provient de la sagesse même de son subconscient qui sait tout et qui voit tout. Lorsque la vraie réponse se manifeste, vous ne pouvez que vous sentir en paix.

La télépsychique et les "questions et réponses"

La télépsychique répondra à toutes vos questions mais vous devez demander sans craintes ni doutes aucuns et avec l'assurance que la réponse vous parviendra selon l'ordre divin des choses et à travers l'amour divin. La réponse vous parviendra selon l'ordre divin des choses et à travers l'amour divin. La réponse peut aussi vous être transmise durant le jour. Que vous soyez un homme d'affaires cherchant la solution d'un problème épineux; une mère de famille à la recherche d'argent pour acquitter une hypothèque ou encore un ingénieur cherchant à résoudre une difficulté cruciale, quelle que soit votre situation, rappelez-vous que tout ce que votre subconscient connaît, c'est la réponse.

Technique à utiliser durant le jour

Voici une technique que vous pouvez utiliser, à l'instar de nombreux hommes d'affaires, de professionnels et de scientifiques. Dans une pièce calme, laissez-vous aller, détendez-vous et pensez à l'intelligence infinie et à la sagesse sans bornes qui, en vous, contrôle toutes vos forces vitales de même qu'elle gouverne l'ensemble du cosmos avec une précision mathématique et sans aucune défaillance. Fermez les yeux et concentrez toute votre attention sur la réponse ou la solution, sachant que l'intelligence infinie en vous est attentive à votre requête. Ne pensez à rien d'autre qu'à la réponse à votre question. Restez dans cet état d'esprit détendu et passif pendant quelques minutes. Votre esprit est-il distrait, ramenez-le à se concentrer sur la réponse. Après trois ou quatre minutes, si la réponse ne vient pas, n'insistez pas et continuez à vaquer à vos affaires. Si vous repensez au problème, dites-vous: "Ma demande a été présentée et c'est l'intelligence infinie qui s'en occupe."

Vous découvrirez qu'avec un tel état d'esprit, la réponse se manifestera clairement à votre conscient. Peut-être se présentera-t-elle au moment où vous êtes occupé ou préoccupé par autre chose, mais elle viendra à un moment inattendu et d'une façon imprévue.

La télépsychique et le génie créatif

Plusieurs éminents hommes de science, sages, voyants, musiciens, grands philosophes, écrivains et poètes célèbres ont affirmé que leurs découvertes, leurs chefs-d'oeuvre, leur musique et leurs inventions étaient nés d'une intuition, d'une inspiration divine ou d'une illumination subite.

C'est ainsi que plusieurs des plus grands chefs-d'oeuvre et créations de l'humanité, de même que les solutions à d'innombrables problèmes quotidiens, sont dûs à la connaissance des pouvoirs du subconscient et à la confiance qu'on place en eux.

Une soi-disant "malédiction"
neutralisée par la télépsychique

J'ai dîné avec un vieil ami à l'hôtel Sands, un autre des beaux hôtels de Las Vegas. Mon ami a soulevé cette ancienne mais passionnante question de la mort d'un président des États-Unis à tous les vingt ans. (Plusieurs parmi vous se rappelleront les nombreuses prédictions et déclarations faites dans ce sens au cours des administrations des présidents Harding, Franklin Roosevelt et Kennedy.) Cette prédiction avait été portée, paraît-il à l'attention du président Kennedy lequel avait dit qu'il allait en démontrer la fausseté, ou quelque chose dans le genre.

Mon ami me fit remarquer qu'à compter de 1840, année de la mort du président Harrison, un président des États-Unis avait disparu prématurément à tous les vingt ans par la suite. Il expliquait la chose en disant que le président Van Buren avait été si vexé par sa défaite pour un second mandat (en 1840 et 1848) qu'il avait lancé une malédiction envers le président de chaque génération, c'est-à-dire à tous les 20 ans.

L'explication de ce "phénomène" est toute simple. Il se peut que le président Van Buren ait en effet lancé une malédiction, mais il est vrai aussi que tous, nous sommes affectés par l'esprit collectif ou par la loi des moyennes. Cet esprit collectif qui est surtout négatif et qui n'épargne personne, ajoute souvent foi à la malchance, au chaos, à la misère et à la souffrance, comme souvent aussi il est rempli de haine, de jalousie, d'envie et d'hostilité. Toutefois, il y a aussi du bon en lui, car, à travers le monde, ils sont des millions à prier pour la paix, l'harmonie, l'action droite etc., mais il ne s'agit que d'une minorité de gens. À moins d'être complètement envahi par la prière, nous deviendrons victimes de cet esprit collectif avec tout son cortège de bruits et furies, de peurs et d'idées diverses du bien et du mal.

Ces tragédies ne sont *pas* inévitables: aucun destin n'est tracé d'avance. Rien ne peut survenir dans la vie d'un homme à moins que l'équivalent mental de ces événements ne soit présent en lui: il doit y avoir une espèce d'affinité ou de peur subconsciente qui l'attire. Rien n'arrive en dehors du conscient lequel est formé de toutes ces choses que, à l'échelon du conscient et du subconscient nous savons vraies et acceptons comme telles. Comme le dit la Bible: *"Nul ne peut venir à moi si le Père qui m'a envoyé ne l'attire."* (Jean 6; 44) Le sens de cette parole est que nulle expérience, nul événement ne survient à l'homme à moins que le Père qui est la Puissance Créatrice, c'est-à-dire vos propres pensées et sentiments, et donc le Père de toutes vos espérances, ne l'ait d'abord accepté. Nous ignorons peut-être ce qui se trouve dans notre subconscient, mais nous pouvons le changer par la prière scientifique.

Le Psaume 23 ne nous dit-il pas ceci: *"Je ne crains aucun mal, car tu es près de moi..."* (Psaume 23; 4) Méditons aussi ces paroles si rassurantes du Psaume 91:

Qui habite le secret d'Elyôn
et loge à l'ombre de Shaddaï,
dit à Yahvé: Mon rempart, mon refuge,
mon Dieu en qui je me fie!

Lui te dérobe au filet
de l'oiseleur qui cherche à détruire;
lui te couvre de ses ailes,
tu trouveras sous son pennage un refuge.

Tu ne craindras ni les terreurs de la nuit,
ni la flèche qui vole de jour,
ni la peste qui marche en la ténèbre,
ni le fléau qui dévaste à midi.

Qu'il en tombe mille à tes côtés
et dix mille à ta droite,
toi, tu restes hors d'atteinte;
sa fidélité est une armure, un bouclier.

Il suffit que tes yeux regardent,
tu verras le salaire des impies,
toi qui dis: Yahvé mon refuge!
et qui fais d'Elyôn ton asile.

Le malheur ne peut fondre sur toi,
ni la plaie approcher de ta tente:
il a pour toi donné ordre à ses anges
de te garder en toutes tes voies.

Eux sur leurs mains te porteront
pour qu'à la pierre ton pied ne heurte;
sur le lion et la vipère tu marcheras,
tu fouleras le lionceau et le dragon.

Puisqu'il s'attache à moi, je l'affranchis,
je l'exalte puisqu'il connaît mon nom.
Il m'appelle et moi je lui réponds:
Je suis avec lui dans la détresse,
je le délivre et je le glorifie.
De longs jours je veux le rassasier
et je ferai qu'il voie mon salut.

Tous ces présidents qui ont connu une mort prématurée auraient pu prévenir ces tragédies si, au lieu de se contenter de rejeter la croyance de l'esprit collectif ils avaient répété ces grandes vérités du psaume de protection (91) et du psaume des conseils et de l'action droite (23).

En prononçant ces grandes vérités, vous développez une immunité contre toute souffrance, vous créez des anticorps dans votre subconscient lequel neutralise les croyances et les superstitions de millions de personnes.

Le malheur ne peut fondre sur toi...   (Psaume 91; 10)

Si Dieu est pour nous, qui sera contre nous?
(Romains 8; 31)

La réponse à toutes les imprécations, toutes les malédictions, toutes les croyances de l'esprit collectif, à toutes les peurs et à toutes les prédictions d'assassinat ou de mort c'est de se laisser envahir par la prière ou en d'autres termes de faire le plein, dans son subconscient, de schémas porteurs de vie, et ce, régulièrement et systématiquement. Ainsi on y neutralise et on en déloge tous les schémas négatifs et porteurs de crainte qui s'y trouvent.

La prière de protection

Trois ou quatre fois par jour et pendant quelques minutes chaque fois, retirez-vous au calme et dites cette prière:

Tel un cercle sacré, l'amour éternel de Dieu me garde. Comme une armure, il me couvre et me protège. Dieu bénit ma vie. De toute l'intensité de son amour Dieu veille sur moi. Je suis sous la sauvegarde de l'Esprit Vivant et Tout-Puissant et je m'enivre de l'amour de Dieu.

Cette prière, jointe au grand psaume de la protection, vous permet d'avancer avec foi et confiance en union avec l'Infini. Le malheur ne peut fondre sur vous ni la plaie approcher de votre tente. Vous serez dans le cercle sacré de l'amour éternel de Dieu, vous serez invulnérable, invincible, inaccessible à toute souffrance.

Cette explication contenta mon ami qui réalisa que les articles où des journalistes prédisaient la mort d'un président à tous les vingt ans ne faisaient qu'inciter les foules à croire ces prédictions et à craindre qu'elles ne se réalisent. En soi, ceci représente une terrible force négative qui imprègne l'esprit de millions de personnes - et il leur advient selon leur foi.

Un président pénétré de spiritualité et au courant des lois de la vie serait en mesure cependant de neutraliser totalement ces sombres prédictions en se laissant envahir par la prière; il pourrait ensuite rire de toutes ces superstitions et divinations. Car il saurait qu'il nous advient selon notre foi.

Des adeptes du Yi King

Parmi les grandes oeuvres de l'Orient, aucune n'est plus fascinante que ce livre, vieux de 5 000 ans, connu sous le nom de *Yi King ou Livre des Changements*. Le regretté professeur Carl G. Jung a écrit une préface à la traduction qu'en a faite Richard William: il y mentionne qu'il a lui-même utilisé cette méthode pendant un quart de siècle et qu'il était étonné de sa troublante justesse. Le *Yi King* est un livre de sagesse: posez-lui une question et les agents spirituels de votre subconscient y répondront. La façon la plus connue de l'utiliser s'appelle l'oracle de monnaie et consiste à lancer trois pièces six fois de suite, en notant à chaque fois le nombre de piles ou de faces dont la somme vous donne le numéro de l'hexagramme qui vous apportera la réponse.

Un professionnel m'a rendu visite ici à l'hôtel (appelons-le le Dr X): il m'a demandé si je voulais bien commenter la réponse qu'il avait reçue des *Secrets du Yi King.* Il songeait à investir 100 000$ dans ce qui semblait une affaire rentable mais il avait reçu l'hexagramme 33/La retraite. J'émis l'opinion que la sagesse de son subconscient vise à le protéger de toutes les façons et qu'il devrait effectivement se retirer, ce qu'il fit.

Il m'a téléphoné ce soir pour me dire qu'à la dernière minute, son avocat avait découvert "quelque chose de louche." Pour avoir fait appel aux *Secrets du Yi King,* le Docteur X a épargné 100 000$. Et, de surcroit, le *Yi King* a répondu à une question personnelle qu'il avait omis de poser.

Lisez le *I Ching* (Yi King) dans la traduction Wilhelm / Baynes, ou, encore l'ouvrage *Secrets of the I Ching* (Les secrets du Yi King) qui est un commentaire sur ce vénérable Livre de Raison et vous constaterez l'extraordinaire capacité de cette méthode de découvrir dans votre subconscient des questions existantes mais que vous n'avez pas posées. Vous obtiendrez réponse à celles-là en plus d'une solution aux difficultés que vous cherchez à résoudre.

La télépsychique et le soin de "la vache"

Alors que je discutais de l'ouvrage *Les Secrets du Yi King* avec une jeune femme qui m'avait écrit, elle me dit qu'un jeune homme la pressait de l'épouser mais que le *Yi King* lui donnait comme réponse l'hexagramme 30 / Le tenace / Feu, qui dit aussi que le soin de la vache apporte la chance. (La vache était autrefois le symbole du subconscient).

En fait, cette femme nourrissait toujours un vif sentiment d'hostilité à l'égard de son ex-mari; des flammes de haine et d'animosité couvaient encore dans son subconscient. Elle avouait elle-même que l'homme qu'elle songeait à épouser était un alcoolique et un marchand de drogues.

Je m'efforçai de lui expliquer qu'elle devait prendre soin de la vache, qu'elle nourrissait des poisons mentaux dans son subconscient et que c'était pour cette raison qu'elle avait attiré cet homme en mal de soins: inconsciemment elle cherchait à se punir. Elle décida de rompre avec cet alcoolique, de s'occuper de la vache (son subconscient) et de déraciner toute la négativité et l'amertume qui s'y trouvaient. Elle avait aussi à se pardonner à elle-même d'avoir accueilli des pensées négatives et destructrices. Elle libéra son ancien mari en lui souhaitant sincèrement tous les bienfaits de la vie car elle savait qu'il est impossible de prier pour quelqu'un et d'éprouver en même temps du ressentiment envers lui.

J'ajoutai qu'elle se rendrait compte du moment où elle aurait réellement libéré son ex-mari en lui pardonnant car alors elle pourrait penser à lui sans tressaillir: les racines de la haine et du ressentiment seraient complètement détruites par l'amour divin.

Cette jeune femme est maintenant tout à fait libre. Elle a suivi les conseils du *Yi King* et elle s'est occupée de sa vache (le subconscient). Il y a maintenant un mois que j'ai quitté Las Vegas et je viens de recevoir une lettre d'elle m'annonçant son prochain mariage à un professeur.

Laissez la télépsychique accomplir des merveilles dans votre vie.

EN RÉSUMÉ

1. Votre subconscient peut devenir une source de riches idées nouvelles et créatrices si vous apprenez à l'exploiter avec sagesse. Votre subconscient ne fait qu'un avec l'esprit profond universel et est partie intégrante de toute sagesse et de toute puissance.

2. Pour exploiter votre subconscient vous devez apaiser votre conscient, vous détendre et vous laisser aller puis présenter votre demande à votre esprit profond, confiant dans la certitude que la réponse vous sera accordée selon l'ordre divin.

3. Un homme réussit à gagner 50 000$ à Las Vegas en faisant appel à la technique suivante pour obtenir une réponse de son subconscient: il ferme les yeux, se détend en s'allongeant sur son lit puis il se laisse glisser dans un état de somnolence, après quoi il s'adresse à son subconscient en ces termes: "Révèle-moi les numéros sur lesquels miser demain." Il se rend à Las Vegas chaque année durant ses vacances et très souvent il y gagne de fortes sommes grâce à cette technique.

4. Une institutrice qui se demandait si elle devait accepter un poste dans un autre État, demanda à son subconscient de lui fournir la réponse dans son sommeil. Dès son réveil, au matin, elle entendit la voix intérieure de l'intuition lui répondre: "Non". Cette réponse correspondait parfaitement avec la connaissance profonde de son âme et elle en fut tout à fait satisfaite.

5. Lorsque vous présentez une requête à votre subconscient, faites-le dans la confiance et la foi que la réponse viendra et inévitablement la bonne réponse vous sera présentée. Dans le cours de vos activités durant la journée, lorsque vous cherchez la réponse à une question importante, allez dans un endroit paisible et lisez un psaume comme le psaume 23 qui vous aidera à calmer toute votre personne. Puis concentrez votre attention sur la solution. Si aucune ne se présente après trois ou quatre minutes, n'insistez pas et continuez à vaquer à vos occupations. La réponse jaillira au moment où vous penserez à tout autre chose.

6. Des poètes, des artistes, des hommes de science, des musiciens, des voyants et des sages ont reçu inspiration, idées créatrices, inventions et découvertes fabuleuses en exploitant leur esprit profond.

7. La croyance de l'esprit collectif dans la mort inévitable d'un président des États-Unis à tous les vingt ans, croyance supposément basée sur une ''malédiction'' lancée par le président Van Buren, pourrait être totalement neutralisée par un président préoccupé de spiritualité. Il lui suffirait d'imprégner son subconscient des vérités éternelles de Dieu et celles-ci neutraliseraient et extirperaient de son esprit profond toutes les peurs, les superstitions et les prédictions négatives de l'esprit collectif. Ainsi, par exemple, un président qui remplirait son subconscient des schémas porteurs de vie du psaume 91 (le grand psaume de la protection) développerait une immunité à toutes les fausses croyances et divinations de malheur de l'esprit collectif.

8. Une façon très efficace de développer une immunité à tout mal est de réciter avec ardeur, lucidité et foi la prière suivante: "Tel un cercle sacré, l'amour éternel de Dieu me garde constamment. Comme une armure, il me couvre et me protège. Dieu bénit ma vie. Je suis immunisé par l'Esprit Vivant et Tout-Puissant et je m'enivre de l'amour de Dieu."

9. Le regretté professeur Carl Jung a mentionné avoir utilisé le *Yi King* pendant un quart de siècle et avoir été fasciné de son étonnante justesse. Un certain Dr X m'a révélé pour sa part, avoir reçu la réponse "La Retraite" à une question posée aux *Secrets du Yi King.* Il était sur le point d'investir 100 000$ dans une nouvelle affaire mais il décida plutôt de se retirer. Son avocat lui dit qu'en agissant ainsi il s'était évité une perte importante.

10. L'ouvrage *Les Secrets du Yi King* est un commentaire du Yi King offrant, dans une langue à la portée de tous, des explications bibliques et psychologiques de ces hexagrammes divinatoires. Si vous y recourez pour une difficulté précise vous constaterez qu'en plus de vous fournir une réponse à celle-ci, il apporte aussi la solution à d'autres questions existantes mais que vous n'avez pas posées.

11. Un jeune homme (alcoolique) insistait pour qu'une jeune femme l'épouse. Dans l'ouvrage *Les Secrets du Yi King* elle reçut en réponse l'hexagramme 30, l'incitant à prendre soin de "la vache", symbole du subconscient, source d'approvisionnement et de protection. Cette jeune femme admit que son coeur était plein de haine et de ressentiment envers son ex-mari;

ces poisons mentaux s'étaient logés dans son subconscient ce qui était cause de l'attirance qu'elle avait exercée sur cet alcoolique, trafiquant de drogues. Elle rompit ses fiancailles sur le champ, abandonna son ex-mari à l'Infini et se mit à lui souhaiter toutes les joies de la vie. Quatre semaines se sont écoulées depuis notre rencontre et elle est maintenant sur le point d'épouser un professeur. La télépsychique a accompli des merveilles pour cette jeune femme.

18

La télépsychique:
votre lien
avec la science infinie

Vos idées sont votre lien avec l'Infini et l'on dit que les
pensées mènent le monde. C'est Emerson qui a dit: "Les
idées appartiennent uniquement à ceux qui peuvent les
alimenter." Les idées sont des choses réelles: ce que vous
ressentez, vous l'attirez; ce que vous imaginez, vous le
devenez. "L'homme est la somme de ce qu'il pense tout
au long du jour" a aussi dit Emerson.

L'Esprit est Dieu et le rôle de l'Esprit est de penser:
c'est pourquoi des personnes qui étudient les lois
mentales et spirituelles disent souvent: "Quand mes pensées et les pensées de Dieu ne font qu'un, la puissance de
Dieu accompagne mes pensées vers le bien." Rappelez-
vous que dans tous les livres saints du monde Dieu et le
bien sont synonymes.

Apprenez à respecter vos pensées et rappelez-vous que
votre bonheur, votre réussite, votre sérénité et vos réalisations dans la vie sont déterminés par ce que vous pensez

habituellement. Semblables à une vibration mentale, vos pensées possèdent un pouvoir certain et leur finalité est de se traduire en actes concrets. Que dans votre esprit, règnent des pensées de paix, d'harmonie, d'action droite, d'amour et de bonne volonté et vos actions visibles révéleront vos schémas de pensées invisibles.

Lorsque nous concevons et considérons la pensée, sa puissance latente se traduit en actions. C'est le grand Shakespeare qui a écrit: "Nos pensées nous appartiennent mais leur portée nous échappe parfois." Votre vie sera tissée des fils de cela même que vous aurez pensé et senti comme vrai car ce sont vos pensées et vos sentiments qui façonnent votre destin.

Dans le langage biblique, le *sentiment* signifie un *intérêt* réel pour une chose. Cette phrase de la Bible: *"Car le calcul qu'il fait en lui-même, c'est lui..."* (Proverbes 23; 7) signifie que si vous vous intéressez réellement à la musique, à la science, à l'art ou à votre profession, votre vie sera une réussite pour la simple raison que votre coeur y est. Vous pensez en profondeur, vous ressentez la réalité de votre pensée en image mentales, c'est cela "penser avec coeur."

Le poids de ses inquiétudes empêche un homme de travailler et de dormir

J'ai été consulté, il y a quelque temps, par un jeune homme qui m'a dit ceci: "Avant, quand je n'étais pas si tendu et inquiet, je pouvais travailler toute la journée sans aucun problème. Alors que maintenant, je suis si bouleversé qu'il m'arrive de devoir arrêter ma voiture sur le côté de la route, et de faire une sieste afin d'avoir le courage de continuer."

Ce jeune homme d'environ 28 ans était commis-voyageur; il avait consulté son médecin qui lui avait prescrit des tranquillisants mais n'avait rien pu trouver d'anormal chez lui physiquement. Lorsque les effets des tranquillisants se dissipaient, il devenait nerveux, agité, tendu et sans forces.

Je m'informai de sa vie sentimentale et je crus comprendre que sa jolie fiancée sortait avec un autre homme quand lui-même s'absentait en voyage d'affaires. Là était la cause de ses soucis et de son inquiétude: il avait peur de la perdre. Sa fatigue et son épuisement provenaient de ce qu'il croyait l'avoir déjà perdue.

Je lui ai expliqué que les médecins avaient fait la preuve, grâce à leurs recherches, que le stress, la tension et les inquiétudes amènent l'épuisement et l'affaiblissement de tout l'organisme. À ma suggestion, il aborda le problème avec sa fiancée au cours d'une conversation à coeur ouvert et ils vidèrent la question. La situation n'avait rien d'alarmant: la jeune fille, qui se sentait seule en son absence, était tout simplement allée au cinéma avec un cousin.

Il recouvra ses forces et son état physique s'améliora du tout au tout. Quelques semaines plus tard, il convola en justes noces. L'amour divin les avait réunis.

La télépsychique la guérit de ses crises d'asthme

J'ai pris la parole récemment devant une association féminine et au cours de la période de questions, une femme de Trinidad me demanda pourquoi elle faisait une crise d'asthme chaque fois qu'elle passait devant une église: qu'il s'agisse d'une église catholique, d'un temple protestant ou d'une synagogue, le résultat était le même. Je lui ai dit qu'il se pouvait qu'un épisode traumatisant de sa vie soit encore logé dans son psychisme (subconscient) - un souvenir enfoui - et que l'église était un rappel de cette blessure psychique.

Après une courte période de réflexion, elle répondit que quelques années auparavant alors qu'elle attendait son fiancé à l'église avec sa famille, le jour de ses noces, un messager lui avait apporté la nouvelle de sa mort dans une collision d'autos. Chaque fois qu'elle passait devant une église par la suite, elle était secouée par une crise d'asthme qui se calmait quelques instants plus tard.

Je lui ai dit qu'il lui suffisait de remettre cet homme à l'Infini. Elle n'avait rien à voir à cet accident car elle ne contrôlait pas la vie de son fiancé. Quelle que soit la pensée qui occupait l'esprit de celui-ci au moment de l'accident, elle n'était certainement pas à blâmer. Elle récita donc la prière suivante à tous les soirs:

Je remets _____ à Dieu totalement. Je lui envoie des radiations d'amour, de paix et de joie car je sais que son voyage l'amène plus loin, plus haut, et le rapproche de Dieu. Chaque fois que ma pensée se tourne vers lui, je dirai immédiatement: "Je t'ai remis à Dieu. Que Dieu soit avec toi."

Je lui suggérai aussi de faire en sorte de se rendre à l'église la plus proche dès le lendemain et de dire cette prière dans son coeur: "L'Amour divin m'ouvre tous les chemins, y répand le bonheur, la splendeur et la joie. Je me rends à l'église y prier selon d'Ordre et l'Amour divins."

Elle se conforma à ces suggestions: Prière et visite à l'église et le lendemain, elle était complètement guérie. C'est Emerson, le grand philosophe, qui a dit: *"Faites les choses que vous craignez de faire et la crainte disparaîtra à jamais."* C'est exactement ce qu'elle fit prouvant par là que l'amour supprime la crainte.

La télépsychique et la pensée positive

Vous pensez au vrai sens du mot, lorsque vous appuyez vos pensées sur les principes universels et les vérités éternelles qui ne changent jamais, qui sont les mêmes aujourd'hui comme hier. Un mathématicien se fie sur les principes de sa science et non sur les opinions fluctuantes des hommes. Vous ne pensez pas vraiment lorsque vous réagissez aux manchettes des journaux, à la propagande de la radio ou lorsque vous vous appuyez sur la tradition, les croyances, le dogme ou des conditions circonstancielles.

Vous ne *pensez pas vraiment* si la peur ou l'inquiétude dictent vos pensées car la pensée véritable est libre de toute crainte ou aspect négatif. La peur prend corps lorsque vous attribuez une valeur de cause aux faits extérieurs, ce qui est tout à fait faux. Les faits extérieurs sont des effets et non des causes. Ce sont vos pensées et vos sentiments qui sont la cause et toutes les conditions et circonstances extérieures sont susceptibles de changer.

Chaque fois que des pensées, des idées ou des suggestions de tous genres se présentent à vous, raisonnez les choses en vous appuyant sur les vérités immuables; atteignez vos conclusions sur ce qui est vrai en vous appuyant sur les principes spirituels.

Ainsi par exemple, il existe un principe d'harmonie, mais pas de discorde; de vérité, mais aucun d'erreur; de vie, mais pas de mort; d'amour, mais pas de haine; de joie, mais pas de tristesse; d'abondance, mais pas de pauvreté; de santé, mais pas de maladie; de beauté, mais pas de laideur; de l'action droite, mais pas de l'action erronnée; de lumière, mais pas d'obscurité.

Si un principe de maladie existait, personne ne pourrait jamais guérir. La maladie n'est pas normale, c'est la santé qui l'est car il existe un principe d'intégrité (la santé). Puisque vous avez la liberté de choisir, vous pouvez nourrir votre esprit de pensées de peur, de soucis, de ressentiments, de haine, toutes imprégnées de malheurs mais vous violerez ainsi le principe d'intégrité, d'harmonie et d'amour et vous en récolterez inévitablement les conséquences.

Commencez donc dès maintenant à penser par vous-même, en prenant comme paramètre les paroles suivantes:

...tout ce qu'il y a de vrai, de noble, de juste, de pur, d'aimable, d'honorable, tout ce qu'il peut y avoir de bon dans la vertu et la louange humaine, voilà ce qui doit vous préoccuper.

(Philippiens 4; 8)

La télépsychique vous permet d'échapper à la loi de la moyenne

Un jeune diplômé d'université, attaché à la même entreprise depuis dix ans, m'a consulté il y a quelques semaines. Il n'a jamais reçu ni promotion ni augmentation de salaire même si autour de lui des collègues ayant moins de connaissance des affaires ou de diplômes, obtiennent régulièrement de l'avancement et bénéficient ainsi de plus gros salaires et de plus de prestige. Ce jeune homme faisait l'expérience de la loi de la moyenne.

Cette loi n'est rien d'autre que l'esprit collectif de l'humanité qui, dans l'ensemble, croit à l'échec, au manque, aux limitations et aux malchances de toutes sortes. Cet esprit collectif est gouverné en grande partie par des croyances traditionnelles et c'est pourquoi il est surtout négatif.

Ce jeune homme avait une dent contre lui-même et je lui expliquai clairement que s'il ne pensait pas par lui-même, il serait automatiquement victime de l'esprit collectif, qui s'incruste dans le canal réceptif de son esprit et pense à sa place avec des résultats négatifs, des manques et des misères de toutes sortes.

À ma suggestion, il se mit à orienter son conscient vers la spiritualité qui devint bientôt le moteur agissant au niveau de son subconscient. Il a vite réalisé la distance énorme qui sépare la pensée spirituelle de la pensée moyenne ou collective.

Plusieurs fois par jour il répète les vérités suivantes tout en s'assurant qu'il ne nie pas par la suite ce qu'il affirme de façon consciente;

Les promotions m'appartiennent dès maintenant. Le succès m'appartient dès maintenant. L'action droite m'appartient dès maintenant. La richesse m'appartient dès maintenant. De nuit comme de jour je progresse et j'avance, je grandis et je prospère, spirituellement, mentalement, matériellement, socialement et financièrement. Je sais que je deviens ce dont je me pénètre. Je sais et je crois que ces vérités que je proclame, s'enfoncent dans mon subconscient, et telles des graines, croissent selon leur nature. Fréquemment au cours de la journée, j'arrose ces graines (les idées) avec l'eau de la foi et de l'espérance. Je rends grâces de ce que ma prière est exaucée.

Ce jeune homme réussit à discipliner la vie de ses pensées: chaque fois que des pensées de peur, de manque ou d'auto-critique se présentent à son esprit, il supplante ces pensées négatives immédiatement, si bien qu'après un certain temps, elles perdirent toute puissance. Aujourd'hui, trois mois plus tard, il est vice-président directeur de son entreprise. Il réalise maintenant qu'il s'est promu lui-même et que ses postulats ont forgé son destin.

Il croit que sa place est en prison: de là viennent tous ses problèmes

Un soir, je reçus la visite d'un homme d'une soixantaine d'années rongé par la culpabilité et le remords et presque incapable de dormir. Deux semaines avant cette visite déjà, il m'avait téléphoné, et à ce moment-là, je l'avais dirigé vers un médecin de mes amis, excellent interniste, avec un penchant pour la spiritualité. Il me fit part des résultats de son examen: taux de tension artérielle dangereusement haut et menace de dépression nerveuse à court terme. Prescription: médicaments pour faire baisser la tension; tranquillisants pour faciliter le sommeil; cela lui apporta un certain soulagement mais mon visiteur me dit: "Il me faudrait aussi des remèdes pour mon âme; ma place est en prison après ce que j'ai fait."

Cet homme avait assisté à un cours que j'avais donné sur "L'oeuvre de Shakespeare à la lumière des lois mentales et spirituelles" et je lui rappelai que la maladie de Lady Macbeth, par exemple, provenait de son vif sentiment de culpabilité pour le meurtre de Duncan. Le médecin appelé en consultation, déclare:

> *"Elle a moins une maladie, monseigneur, qu'un trouble causé par d'accablantes visions qui l'empêchent de se reposer."*

À quoi Macbeth demande:

> *"Tu ne peux donc pas traiter un esprit malade, arracher de la mémoire un chagrin enraciné, effacer les ennuis inscrits dans le cerveau, et, grâce à quelque doux antidote d'oubli, débarrasser le sein gonflé des dangereuses matières qui pèsent sur le coeur?"*

Et le médecin lui répond:

> *"En pareil cas, c'est au malade à se traiter lui-même."* (Macbeth, 5e acte - Scène 3)

Shakespeare avait bien étudié la Bible et il connaissait la signification psychologique profonde de toutes les allégories, paraboles et déclarations mystérieuses qui s'y trouvent. Il savait que ce sentiment de culpabilité amenait Lady Macbeth au bord de la folie et que le médecin appelé à son chevet avait à traiter un cas qui échappait à toute concoction d'herbes possible.

J'expliquai à cet homme qu'une bonne confession crèverait l'abcès, laisserait échapper le pus, et lui permettrait de guérir. Aussitôt il avoua une série de délits, en toute simplicité et ce faisant, il délogea "les dangereuses matières qui pèsent sur le coeur" comme l'a dit Shakespeare. La culpabilité "lui rongeait les entrailles."

Je lui posai une petite question: "Referiez-vous ces mêmes gestes aujourd'hui?" "Certainement pas, répondit-il. Je mène une toute autre vie aujourd'hui. Je suis marié et mes deux filles font des études de médecine." Je lui fis remarquer que physiquement, mentalement, émotionnellement et spirituellement il n'était plus le même que l'homme qui avait commis tous ces délits et qu'il devait cesser de se condamner lui-même.

L'auto-renouvellement du corps et de l'esprit

Nous savons par les hommes de science que notre corps se renouvelle constamment et que nous avons un "nouveau corps" à tous les onze mois. Cet homme lui, a complètement renouvelé sa conception mentale et émotionnelle de la vie. Il s'est intéressé aux vérités spirituelles, il a commencé à mener une vie droite, et donc l'homme qui a commis tous ces délits a cessé d'exister. Un tel homme devait disparaître.

Le Principe de Vie (Dieu) ne punit ni ne condamne jamais: c'est l'homme qui se condamne et se punit lui-même par suite d'une mauvaise utilisation des lois de l'esprit. Qu'il se pardonne et utilise ces lois de manière juste par la pensée droite, le sentiment droit et l'action droite, il se produira automatiquement une réponse de son subconscient selon le nouveau schéma mental: le passé est oublié et relégué aux oubliettes. Un nouveau commencement est une nouvelle fin car le commencement et la fin sont synonymes. Commencez une nouvelle vie avec foi, confiance, amour et bonne volonté envers tous et vous verrez que la fin en sera merveilleuse.

Citons Shakespeare encore une fois: "Ce n'est pas l'amour qu'un amour qui change quand il s'aperçoit qu'on change avec lui." (Sonnet 116) Dieu est amour et ne peut faire aucun geste dépourvu d'amour. C'est se tromper lourdement que de croire que la Vie Infinie ne nous a pas tout pardonné déjà. Cet homme souffrait d'auto-condamnation et de culpabilité: la cure consistait à s'auto-pardonner. C'est ainsi qu'il fut libéré; une discussion d'une heure sur les grandes vérités a totalement changé sa vie. Aujourd'hui il est heureux et en santé.

"Femme, où sont-ils?
Personne ne t'a condamnée?
Elle dit: Personne Seigneur...
"Moi non plus je ne te condamne pas.
Va, désormais ne pèche plus."

(Jean 8; 10,11)

EN RÉSUMÉ

1. Votre pensée est votre lien avec l'Infini. Les idées mènent le monde. Les idées sont des choses réelles: ce que vous ressentez, vous l'attirez; ce que vous imaginez, vous le devenez. "L'homme est la somme de ce qu'il pense tout au long du jour" a dit Emerson. Vos pensées sont créatrices. Ayez un sain respect de vos pensées car leur finalité est de se traduire en actes concrets.

2. Dans le langage biblique, le sentiment signifie un vif intérêt pour une chose. Lorsque vous vous intéresserez réellement à votre travail ou à quoi que ce soit que vous entreprenez, vous connaîtrez un succès hors pair.

3. Les soucis et les préoccupations affaiblissent tout l'organisme et sont cause de lassitude, d'épuisement et de dépression. Un homme souffrait d'une névrose d'anxiété (inquiétude chronique) et d'insomnie car il craignait de perdre sa fiancée. Il discuta de la situation avec elle, et ils réglèrent leurs différends: ils sont maintenant mariés et de nouveau heureux et pleins d'enthousiasme. L'amour divin les a réunis: une fois de plus, l'explication contenait son propre remède.

4. À chaque fois qu'elle passait devant une église, une femme avait des spasmes asthmatiques: ceci était dû à un traumatisme psychique qu'elle n'avait pas surmonté. Alors qu'elle attendait son fiancé à l'église, le jour prévu pour ses noces, un messager lui avait apporté la nouvelle de sa mort dans une collision alors qu'il se rendait à l'église. Elle libéra son fiancé en priant pour obtenir paix, harmonie, joie et illumination et se libéra elle-même par le fait même. Puis elle entra dans l'église la plus proche et dit: "L'Amour divin m'ouvre tous les chemins. La joie de mon Seigneur fait ma force." Elle ressentit aussitôt un regain d'énergie. Faites les choses que vous craignez de faire et la crainte disparaîtra à jamais.

5. La pensée droite consiste à s'appuyer sur les principes universels et les vérités éternelles qui ne changent jamais, les mêmes aujourd'hui comme hier et jusqu'à

la fin des temps. Vous ne pensez pas vraiment si la peur ou l'inquiétude dictent vos pensées. Lorsque vos pensées sont à l'image de Dieu, la puissance divine accompagne toutes vos pensées tournées vers le bien. Un penseur scientifique n'accorde jamais de pouvoirs aux faits ou aux phénomènes extérieurs; mais il accorde puissance et fidélité à la Présence divine en lui, Toute-Puissante et Omnipotente.

6. Il existe un principe d'harmonie, mais pas de discorde; d'amour mais pas de haine; de joie mais pas de tristesse; de vérité mais pas de fausseté; de santé mais pas de maladie.

7. La loi de la moyenne désigne les façons de penser habituelles de toutes les personnes de ce monde, et la plupart de ces pensées sont négatives. L'esprit collectif accorde foi à la maladie, à la tragédie, à la malchance, aux calamités et superstitions de toutes sortes. Il s'y trouve du bon cependant amené par les pensées positives de milliers de personnes mais dans l'ensemble cet esprit collectif est très négatif. Si vous ne pensez pas par vous-même, l'esprit collectif avec son cortège de craintes, de haines, de jalousies et de superstitions morbides vous envahira et pensera à votre place. Dégagez-vous de cet esprit collectif (appelé la loi de la moyenne) et pensez par vous-même à toutes les choses vraies, belles, nobles, dignes, vivifiantes et à l'image de Dieu.

8. Un jeune homme qui n'arrivait à rien dans la vie se mit à orienter son conscient vers la spiritualité qui devint bientôt le moteur agissant au niveau de son subconscient. Il comprit qu'une distance énorme

sépare la pensée spirituelle de la pensée moyenne ou collective. Il fit la prière suivante: "Les promotions m'appartiennent. Le succès m'appartient. L'action droite m'appartient. La richesse m'appartient. L'abondance m'appartient." Chaque fois que des pensées négatives se présentent à son esprit il les supplante avec des pensées positives de richesse, de paix, d'harmonie, d'avancements, de victoires etc. Par une constante discipline de ses pensées, il a transformé sa vie; il progresse et avance dans tous les domaines.

9. Un homme rongé par la culpabilité et l'auto-condamnation confessa librement ses crimes et extirpa ainsi tout le poison de son âme (le subconscient). Ce qu'il lui fallait c'était un remède spirituel car les pilules qu'il avalait, même si elles faisaient baisser sa tension et le soulageaient quelque peu, n'avaient aucun effet sur le poison logé dans son subconscient. Shakespeare disait de Lady Macbeth, ravagée par la culpabilité: "c'est au malade à se traiter lui-même... pour déloger les dangereuses matières qui pèsent sur le coeur". Cet homme commença à mener une vie bonne et juste et je lui expliquai qu'il était aussi sain que s'il n'avait jamais fait de mal; que, mentalement, psysiquement, émotionnellement ou spirituellement, il n'était plus le même homme et qu'il devait cesser de condamner un innocent, en l'occurrence lui-même. Dieu ne condamne personne lui dis-je et pour autant qu'il mène une vie droite en ce moment, le passé est oublié et relégué aux oubliettes. Il était impossible à cet homme de répéter les erreurs de jadis car il était véritablement

transformé. Il se pardonna et sortit de l'entretien complètement libéré. Une heure de son temps avait sauvé sa vie et l'avait transformé sur tous les plans.

...Moi non plus, je ne te condamne pas.
Va, désormais ne pèche plus.   (Jean 8; 10,11)

19

La télépsychique pousse les lois de l'esprit à l'action

J'ai reçu récemment, la visite d'une femme complètement bouleversée: elle était mariée depuis cinquante ans, et son mari qui avait commencé soudain à boire de façon excessive, était sur le point de sombrer dans l'alcoolisme. Plusieurs de ses amis pratiquants étaient d'avis qu'il ne fallait pas prier pour lui avant qu'il ne veuille d'abord lui-même s'arrêter de boire.

Je lui ai expliqué que tout cela n'était que des foutaises, en d'autres termes que ça n'avait aucun sens. Je lui ai demandé si elle savait ce qu'est la thérapie de la prière, lui expliquant que cela n'implique ni coercition mentale ni tentative d'influencer les autres. Si, en sortant de chez moi elle voyait une femme s'affaisser, victime peut-être d'une défaillance cardiaque, n'appellerait-elle pas une ambulance, ne lui porterait-elle pas secours le mieux possible? Bien plus, lui fis-je remarquer, elle n'a pas le droit de se soustraire à ce qui est une véritable obligation.

Il ne faut pas perdre de vue que tout état pathologique, telles que les aberrations mentales, la pauvreté, l'alcoolisme, la dépendance à la drogue et les maux de toutes sortes, sont tout à fait étrangers à la Divinité en nous, qui reste toujours intègre, pure et parfaite. Selon l'ordre divin, il est tout à fait acceptable de prier pour son prochain, que celui-ci le sache ou non, qu'il demande la thérapie de la prière ou non. Penser qu'on ne doit pas prier pour un parent ou un ami malade parce que cette personne ne l'a pas demandé elle-même relève de la pure superstition.

En priant pour autrui, vous demandez que la vérité de Dieu devienne la vérité de la personne pour qui vous priez: vous ne faites que vous identifier à la Présence divine dans l'autre et à ressusciter les qualités et les attributs de Dieu dans vos pensées et sentiments. Puisqu'il n'y a qu'un seul esprit, ces qualités dominantes dans l'autre sont en même temps ressuscitées dans son propre esprit.

La prière des malades

Tournez-vous vers le Dieu qui demeure en vous et rappelez-vous sa paix, son harmonie, son intégrité, sa beauté, son amour sans bornes et sa puissance illimitée; ainsi persuadez-vous que Dieu vous aime et veille sur vous. Priez ainsi et la peur s'éloignera de vous graduellement.

Tournez votre esprit vers Dieu, vers son amour. Persuadez-vous de cette idée qu'il n'existe qu'une Puissance et Présence de Guérison, et de son corollaire: aucune puissance ne peut contrarier l'action de Dieu. Dans le calme et l'amour, affirmez que la puissance de la Présence de Guérison circule en vous, vivifiante, cicatrisante, fortifiante, renouvelant chaque parcelle de votre être. Percevez clairement que l'harmonie, la beauté et la vie divines se manifestent en vous en tant que force, paix, vitalité, beauté, intégrité et action droite. Pénétrez-vous profondément de la réalité de tout cela et la souffrance de votre coeur ou toute autre maladie se dissoudront dans la Lumière de l'Amour de Dieu.

> *Glorifiez donc Dieu dans votre corps.*
>
> (Corinthiens 6; 20)

Lorsque vous priez pour la guérison d'une autre personne, mentionnez son nom et dites ces vérités pour lui ou elle de la même façon que s'il s'agissait de vous.

Cet homme se croyait possédé du démon

Pendant très longtemps, j'ai rendu visite en Grande-Bretagne, en Irlande et ici même aux États-Unis à des personnes hospitalisées qui prétendaient être possédées par ce qu'elles appelaient des esprits du mal et dont plusieurs avaient même des obsessions multiples.

Le cas suivant est particulièrement intéressant: il s'agit d'un homme dans la soixantaine qui m'a consulté récemment et qui se prétend possédé par plusieurs démons qui le poussent à des gestes étranges. Trois ans plus tôt il avait connu un certain soulagement à la suite d'un traitement aux chocs électriques mais par la suite dit-il les démons revinrent le harceler. Ils crient des obscénités, des imprécations et le poussent à l'ivrognerie et au viol; ces soi-disant esprits diaboliques le rouent de coups le soir, l'empêchent de dormir, lui racontent à quel point ils le détestent et l'exècrent.

Je savais que ces esprits diaboliques n'existaient pas et que ces prétendues présences n'étaient que son subconscient s'adressant à lui. Le noeud de l'affaire était qu'il débordait de haine et de ressentiment envers son ex-femme qui l'avait quitté pour épouser un autre homme. Ses pensées tordues et destructrices avaient pénétré dans son subconscient et donné naissance à des complexes de "démons". La culpabilité le rongeait et la pensée d'une punition le remplissait de crainte et d'appréhensions.

Je lui conseillai de réciter le psaume 91 à voix haute trois ou quatre fois par jour, et le soir le psaume 27, ce puissant antidote contre la peur. Pendant quatre mois, il vint me consulter une fois par semaine: grâce à la prière, il libéra graduellement son ex-femme, lui souhaitant toutes les joies de la vie afin de pouvoir penser à elle sans haine ni ressentiment.

Je lui expliquai que dans nos rêves, il nous semble que des gens nous parlent, que nous parlons aussi nous-mêmes dans notre sommeil; mais, lui dis-je si nous introduisons la haine, le ressentiment et l'hostilité dans notre subconscient celui-ci n'a d'autre alternative que de projeter ces sentiments à sa façon.

Finalement, un soir au cours de ma méditation, je me dis: "J'en ai par-dessus la tête des croyances de ce bonhomme dans des esprits du diable. Il ne fait que se parler à lui-même et je le sais fort bien. Il n'y a qu'un Esprit (Dieu), l'Éternel, le Très-Sage, l'Omniscient, et un seul Esprit Divin. Cet homme sait maintenant que je sais et, en ce moment même il sent l'amour de Dieu dans son coeur."

Le lendemain, lors de sa visite, il me dit: "Il s'est produit une chose étrange hier soir. Jésus m'est apparu et m'a dit: "Ces esprits du diable n'existent pas vraiment: ils sont dans ton propre esprit et tu en es maintenant libéré." Cet homme fut complètement guéri.

Au cours de nos nombreuses consultations, j'avais dû finalement extirper de mon subconscient la conviction qui s'y était logée et ceci effaça de mon esprit ce que cet homme croyait. Car, fait étrange, il ne s'agissait pas seulement de guérir de ses fausses croyances un homme perturbé mentalement, il fallait aussi me purger et me guérir moi-même. Je crois que ceci est vrai de toute thérapie par la prière, que le conseiller en soit conscient ou non.

Lorsque j'eus atteint dans mon esprit une ferme conviction au sujet de ces manifestations supposément démoniaques dans son esprit à lui, ma conviction lui fut communiquée instantanément. Puisqu'il n'y a qu'un seul esprit, la paix et l'intégrité régnèrent à nouveau dans son esprit.

Une expérience psychique révèle un trésor caché à une femme

Une jeune secrétaire, habituée de mes conférences au Wilshire Ebell Theatre le dimanche matin, me déclara il y a quelques jours, que pendant toute une semaine elle avait fait le même rêve: une pelle à la main, elle remuait la terre dans la cour arrière de sa maison. Après chacun de ses rêves, elle se sentait très excitée et elle voulait savoir ce que j'en pensais.

Un rêve est toujours très personnel lui dis-je, ajoutant que celui-ci pouvait signifier qu'elle devait creuser en elle pour trouver un trésor caché, un talent par exemple. Si cela ne lui disait rien dans son coeur, elle devait demander à son frère ou à son père de creuser dans la cour. Elle s'adressa à son père qui accepta après s'être fait tirer l'oreille un peu. À leur grande surprise, il y découvrit une vieille urne en terre cuite remplie de pièces d'or datant de 1898.

Ces pièces avaient une valeur de plusieurs milliers de dollars et la jeune secrétaire put retourner aux études à l'Université et s'acheter une Rolls-Royce, ce dont elle rêvait depuis toujours: il lui resta suffisamment d'argent pour subvenir aux besoins de tous les membres de sa famille. Cette jeune femme qui avait souvent prié pour sa prospérité et pour obtenir les moyens d'achever ses études, vit ses souhaits se réaliser grâce à ses rêves.

La télépsychique la délivre de ses frustrations

Une jeune femme, veuve avec deux garçons, priait afin de se trouver un compagnon avec qui elle et ses fils s'entendraient bien et qui serait un bon père pour eux. Elle rêvait souvent et dans presque tous ses rêves, elle ratait le bus et arrivait en retard à son bureau à tous les jours alors que dans la réalité, elle était toujours à l'heure. Je lui demandai si personne à son travail ne lui semblait un bon candidat comme futur mari. Le vice-président adjoint l'avait invitée à dîner et au cinéma plusieurs fois me dit-elle mais elle avait refusé car elle croyait que cela n'était pas une bonne chose et que ses patrons ne verraient pas cela d'un très bon oeil.

Je lui répondis que j'avais l'impression que sa prière était exaucée et qu'elle passait sûrement à côté d'une très bonne occasion de se marier: il me semblait que son subconscient l'incitait symboliquement à profiter de cette occasion. De plus, le bus est un symbole de sexe, qui fait partie intégrante du mariage. Elle se rendit à son travail le lendemain pleine d'enthousiasme; elle dit au vice-président adjoint que, les circonstances étant changées, elle se ferait un plaisir d'accepter son invitation. Quelques semaines plus tard, ils s'épousaient: cet homme est vraiment un compagnon idéal pour elle et ses fils.

Cette veuve rejetait la réponse à sa prière de sorte que son subconscient n'avait d'autre alternative que de s'adresser à elle en rêve.

...S'il y a parmi vous un prophète,
c'est en vision que je me révèle à lui,
c'est dans un songe que je lui parle.

(Nombres 12; 6)

Pourquoi ne pas laisser la loi de l'attraction travailler pour vous?

Vos pensées possèdent leurs propres affinités. Comme le disait Marc-Aurèle, le grand empereur et philosophe romain: "Notre vie est ce que nos pensées la font." Votre pensée dominante soutient toutes vos autres pensées et les colore de la même façon qu'une petite touche d'indigo peut teinter le contenu d'une dame-jeanne d'eau d'une vingtaine de litres. William James, le père de la psychologie américaine disait: "La plus grande découverte de ma génération fut que les gens peuvent changer leur vie en changeant leur état d'esprit."

Aujourd'hui, dans le cours d'une conversation avec une ravissante jeune femme, bourrée de talents, charmante, enjouée et très instruite, je découvris que ses façons de penser, tordues, destructives et haineuses étaient en train de gâcher sa vie. Elle se lança d'abord dans une longue tirade contre son père décédé; et ensuite contre sa mère, qu'elle semblait détester. Depuis un an elle avait perdu trois emplois à cause de ses remarques sarcastiques et mordantes. Elle s'empoisonnait émotionnellement; physiquement aussi, elle était affectée car elle avait dû subir une hystérectomie et une opération pour un ulcère.

J'expliquai à cette jeune femme que le monde s'ouvrait devant elle et qu'elle pouvait à compter de ce jour se prouver à elle-même que tout son monde à elle, c'est-à-dire son corps, ses convictions, les circonstances de sa vie, sa vie sociale et ses finances, que tout cela pouvait se fondre comme par magie, à l'image et à la ressemblance de ses pensées habituelles.

Elle accepta de modifier ses pensées et de persévérer dans cette voie. À chaque fois qu'une pensée négative se présenterait à son esprit, elle la supplanterait immédiatement par des pensées d'amour et de bonne volonté. Elle comprit qu'en agissant ainsi, régulièrement et systématiquement, elle réussirait à briser le schéma de pensées destructives qui était en train de gâcher sa vie.

La puissance d'une prière

Je composai la prière suivante à son intention en lui suggérant de la réciter fréquemment. Je savais qu'en répétant ces vérités et en ressentant la réalité de ce qu'elle affirmait, ces vérités s'enfonceraient dans son esprit et puisque la loi du subconscient pousse vers l'action, elle serait forcée de s'engager sur des voies bénies et des sentiers de paix. J'étais sûr qu'à compter de ce moment, sa route la mènerait toujours plus loin, toujours plus haut, vers Dieu. Voici cette prière:

Les dons de Dieu sont maintenant les miens. Je vis en la présence de Dieu dispensateur de toutes les bénédictions. J'utilise chaque instant de cette journée pour glorifier Dieu. L'harmonie, la paix et l'abondance de Dieu sont miennes maintenant. L'amour divin qui s'écoule de moi bénit tout ce qui entre dans mon atmosphère. L'amour de Dieu est ressenti par tout ce qui est présent ici et Son amour les guérit présentement.

Je ne crains aucun mal car Dieu est avec moi. Le cercle sacré de l'amour et de la puissance de Dieu m'entourent constamment. Je sais, je sens, je crois de manière absolue et définitive que le charme de l'amour et de la protection éternelle de Dieu, me guérit et veille sur moi et tous les miens.

Je pardonne à tous et j'émets sincèrement des radiations d'amour, de paix et de bonne volonté envers tous les hommes de la terre. La paix est au centre de mon être: c'est la paix même de Dieu. Dans cette tranquilité je sens sa Force, ses conseils, et tout l'amour de sa Sainte Présence. Dieu me guide sur tous les chemins. Je suis un canal pour l'amour de Dieu, sa lumière, sa vérité et sa beauté. La Rivière de sa Paix circule en moi en ce moment, je le sens. Je sais que tous mes problèmes sont dissous dans l'Esprit de Dieu. Les voies de Dieu sont mes voies. Les paroles que j'ai prononcées accomplissent cela partout où elles pénètrent. Je me réjouis et je rends grâces, car je sais que mes prières sont exaucées.

Que cela soit!

Des matérialisations télépsychiques? Cela existe réellement

Lorsque je discute de la télépsychique, qui traite de la puissance qu'a votre subconscient d'opérer des merveilles, on me demande souvent mon opinion au sujet des séances de matérialisations. Je tiens à dire d'abord que je crois que le soi-disant contrôle opéré par le médium n'est qu'une idée dominante du subconscient. Nous devons accepter le fait que les phénomènes psychiques existent. Notre subconscient est doté de pouvoirs de clairvoyance, de clairentendement et de télékinésie qui sont des facultés de l'esprit présentes en chacun de nous.

Il y a quelques années j'ai assisté à Londres à une séance de médium en compagnie du Dr Evelyn Fleet de Caxton Hall, et d'un colonel à la retraite de ses amis. Au cours de cette soirée nous avons pu voir huit matérialisations aussi réelles que notre propre corps. Le colonel, un médium militaire retraité, examina les matérialisations, prit leur pouls et leur pression sanguine, examina leurs dents et leur coupa quelques cheveux.

Chaque matérialisation avait à peu près le même poids que l'un de nous trois. Nous avons parlé avec elles et, après coup, le Dr Fleet me dit qu'elle croyait que la femme avec qui elle avait parlé pouvait être sa mère, mais elle n'en était pas certaine. Nous avons reçu des réponses assez cohérentes de leur part et l'une d'elles ressemblait à la soeur du colonel décédée il y a quelques années.

Tout ceci se passa en pleine lumière. Le médium était en transe. Les hommes portaient tous des complets et les femmes des robes. Il n'y avait pas de machination ou de truquage; ces matérialisations n'étaient pas des illusions. Une illusion n'est pas faite en chair et en os, elle n'a pas de cheveux, de vêtements, de voix et de pouls. Une illusion est quelque chose qui vous trompe en produisant une fausse impression; un état ou une condition où vous êtes induit en erreur. Toutes les matérialisations étaient en apparence réelles, mais je ne crois pas que l'une ait été la mère du Dr Fleet et l'autre la soeur du colonel.

Toutes étaient réelles en tant que phénomènes ou manifestations ou projections de l'ectoplasme du médium, qui est capable de projeter un schéma de pensée de parents disparus dans le subconscient des gens présents, les rendant ainsi en chair et en os, capables de parler, d'agir et de répondre à des questions. Je crois que toutes les matérialisations étaient des dramatisations du subconscient du médium.

Dr Fleet envoya à un laboratoire, afin de les faire analyser, les cheveux prélevés sur la femme qu'elle croyait être sa mère. Le laboratoire lui dit qu'ils étaient impossibles à analyser, étant composés de ''matière inconnu''. Quelques jours plus tard le laboratoire l'avertit que les cheveux s'étaient désagrégés, ne laissant aucune trace.

Le docteur Fleet convint avec moi qu'il serait un peu naïf de croire que l'on peut se présenter à une séance de ce genre, appeler des amis ou des êtres chers dans la dimension suivante et s'attendre à les voir apparaître aussitôt en réponse à notre demande. Tous nos êtres chers, disparus, opèrent dans des corps de la quatrième dimension, dans une des nombreuses demeures de la maison du Père. Nos êtres chers marchent toujours plus loin, toujours plus haut, allant de gloire en gloire, dans ce voyage qui ne connaîtra jamais de fin.

EN RÉSUMÉ

1. C'est de la superstition que de penser que l'on ne doit pas prier pour son prochain, alcoolique, cancéreux ou atteint de quelque maladie. Si quelqu'un est victime d'un accident, n'appelleriez-vous pas une ambulance, ne lui donneriez-vous pas tous les soins possibles? La thérapie de la prière n'est pas de la coercition. Prier pour autrui c'est demander que la vérité de Dieu devienne la vérité d'autrui. La nature divine est présente en chacun de nous et c'est la volonté divine que cela s'exprime chez tous.

2. Lorsque vous priez pour une personne malade, n'insistez jamais sur les symptômes, les douleurs ou les malaises. Dans le calme, affirmez que la puissance de la Présence de Guérison circule dans l'être cher, vivifiante, cicatrisante, fortifiante, lui rendant intégrité et perfection.

3. Les démons qui harcèlent l'homme et qui causent de multiples obsessions sont la haine, la jalousie, l'envie, la malice, la culpabilité et l'auto-condamnation. Lorsque ces bandits mentaux envahissent notre esprit, nous perdons toute puissance de raisonnement

et nous devenons les victimes de notre façon de penser corrompue et destructrice. Quand un homme entend des voix qui lui ordonnent d'accomplir des choses destructives, c'est la voix de son subconscient qui s'adresse à lui; en d'autres termes, il se parle à lui-même. Un homme en vint à voir graduellement que c'était son propre subconscient, répondant à ses pensées destructives, qui le perturbait. À mesure que j'extirpais ce non-sens de mon esprit en prenant cons-cience qu'il n'y a qu'un seul Esprit et une seule Puis-sance, tout en affirmant que cet homme savait main-tenant ce que je savais moi-même, cet homme fut guéri.

4. Souvent nos rêves nous révéleront les réponses à nos problèmes les plus angoissants. Une jeune femme faisait fréquemment le même rêve dans lequel elle creusait dans la cour arrière de sa maison. Elle priait pour sa prospérité et à ma suggestion, elle demanda à son père de creuser dans sa cour: son père et elle y découvrirent une urne remplie de pièces d'or valant une petite fortune.

5. Une veuve désireuse de se marier me raconta qu'elle faisait souvent un rêve très clair où elle ratait toujours l'autobus et arrivait en retard à son travail: pourtant dans la réalité elle était toujours à l'heure. Elle com-prit qu'elle ratait l'occasion de se remarier en refusant les invitations d'un des directeurs de son bureau. Elle décida de les accepter et ceci les conduisit à s'épouser. C'était la réponse parfaite à sa prière.

6. Marc-Aurèle a dit: ''Notre vie est ce que nos pensées en font.'' Et Emerson disait, quant à lui: ''L'homme

est ce que sont ses pensées tout au long du jour.'' La pensée dominante de notre vie soutient et colore toutes nos autres pensées. Une jeune femme était en train de gâcher sa vie par ses pensées haineuses et vengeresses envers ses parents et plusieurs autres personnes: sa santé en était affectée et elle avait dû subir deux opérations graves. Elle changea complètement sa façon de penser et décida de supplanter toute pensée négative, par une pensée d'amour, à l'image de Dieu. À mesure que cela devint une habitude chez elle, tout son univers se fondit comme par magie à l'image et à la ressemblance des pensées qu'elle nourrissait. Elle devint ce qu'elle pensait.

7. Des gens me demandent souvent ce que je pense des matérialisations qui se produisent au cours des séances de médium, alors que des personnes apparaissent, parlent, déambulent et conversent. Ce phénomène est réel mais uniquement en apparence. Ce ne sont pas nos êtres chers qui sont là, car ceux-ci opèrent dans la dimension suivante de la vie, se dirigent toujours plus loin, toujours plus haut, vers Dieu. C'est uniquement une différence de fréquence qui les sépare de nous. Si l'on coupe une mèche de cheveux à l'une de ces matérialisations, on ne peut l'analyser en laboratoire car elle est de substance inconnue. Le médium, en état de transe, peut exploiter des images de nos êtres chers et procéder à des projections ectoplasmiques de formes d'hommes et de femmes qui possèdent un pouls normal ainsi que d'autres signes manifestes de vie.

20

La télépsychique aiguise les puissances de l'esprit

Maître d'oeuvre et rénovateur de votre corps, votre subconscient exerce un contrôle sur toutes ses fonctions soi-disant involontaires. C'est lui qui, en effet, gouverne la respiration, la digestion, l'assimilation des aliments, la circulation du sang, l'élimination des déchets et toutes les autres activités automatiques. C'est aussi lui qui, tel un excellent chimiste, transforme en tissus, muscles, os, sang et cheveux tous les aliments que vous ingérez et qui, constamment, fabrique de nouvelles structures cellulaires.

Le subconscient peut aussi être vu comme l'entrepôt de la mémoire puisque ce que votre conscient croit réellement et accepte comme vrai, votre subconscient l'amène à se concrétiser; de par sa grande sensibilité à la suggestion, l'esprit profond est aussi le siège des habitudes.

Lors d'expériences d'hypnotisme, on voit le subconscient accepter toutes les suggestions qui lui sont présentées et ne raisonner que de façon déductive; ses déductions étant toujours en accord avec les prémisses, il importe que toute suggestion soit porteuse de vie et ait un caractère constructif.

On le voit amplement par les rêves, souvent de véritables mises en scène de nos désirs refoulés ou non réalisés, le subconscient s'exprime de façon symbolique. C'est un excellent imitateur capable d'imiter tout ce qui lui est suggéré clairement. Comme siège de toutes les expériences psychiques, il perçoit intuitivement et sans tenir compte ni du temps ni de l'espace. Vous devez aussi savoir qu'à l'intérieur de votre subconscient se trouve le surconscient (appelé la grande Superâme par Emerson) ou la Présence de Dieu, ou encore l'Intelligence Suprême. En d'autres termes, le JE SUIS CELUI QUI EST, ou l'Esprit Vivant et Tout Puissant, qui sait tout et voit tout, est en vous. À l'intérieur de votre subconscient, logent la Sagesse Infinie, l'Amour Infini et toutes les qualités et composantes de l'Être Infini que l'on nomme Dieu.

Votre conscient prend connaissance du monde extérieur par l'intermédiaire de vos cinq sens: il raisonne par induction, déduction, analyse et analogie. Vous choisissez, sélectionnez, organisez et mettez en marche par votre conscient qui agit comme le siège de la volonté, laquelle est constituée de désirs, de décisions et de détermination.

C'est grâce à votre conscient que vous vous concentrez et qu'après, en dirigeant votre attention sur un point précis, vous enregistrez ce point dans votre subconscient. Parce que vous imaginez et créez des images mentales avec votre conscient, vous pouvez imprégner votre subconscient de façon plus efficace si vous visualisez de façon claire ce que vous souhaitez être, faire et avoir. Votre subconscient peut décider de la réussite et de la prospérité et ce, grâce à son pouvoir de contrôler des pensées, des paroles et une imagination constructives. Vous pouvez saturer votre subconscient d'idées d'abondance et de réussite.

Les situations d'urgence stimulent votre puissance mentale

Dans des situations urgentes où la sagesse et l'intelligence de votre subconscient assument le contrôle, votre conscient devient extrêmement réceptif à votre subconscient. En s'appuyant sur la sagesse et l'intelligence de votre subconscient qui sait tout et voit tout, le conscient reçoit lumières et inspirations.

La télépsychique et l'état de transe

J'ai souvent rendu visite à Géraldine Cummins, maintenant décédée, dans ses maisons de Londres en Angleterre et de Cork en Irlande. Elle a écrit un grand nombre d'ouvrages: dont Unseen Adventures (Des aventures invisibles) et The Scripts of Cleophas (Les manuscrits de Cléophas). De nombreux hommes de science en Angleterre se sont penchés sur son cas et tous ont conclu à ses remarquables pouvoirs psychiques.

Les phénomènes psychiques de toutes sortes, dont la perception extrasensorielle, m'ont toujours beaucoup intéressé et j'ai assisté à plusieurs de ses séances au cours desquelles elle devenait tout à coup silencieuse et entrait dans un état psychique de passivité et de réceptivité. Son conscient était partiellement submergé; elle disait soudain que "Astor", son contrôle, l'avait remplacée puis elle se mettait à écrire, comme un automate, des pages et des pages de renseignements étonnants.

Lors d'une de ces séances, elle me dit que ma soeur Mary Agnes, qui est morte, communiquerait avec nous.

En lisant les feuillets, je m'aperçus que plusieurs paragraphes étaient écrits en gaélique, certains en français et d'autres en latin, des langues que Géraldine ne connaissait pas. Dans le texte, ma soeur remémora six événements particuliers qui me permettraient de la reconnaître. Elle parlait d'événements de notre enfance, racontant des choses très intimes; elle y faisait aussi de nombreuses prophéties qui se sont toutes réalisées par la suite.

Dans ce cas-ci je crois que Géraldine n'agissait que comme copiste, notant des événements dont elle ignorait tout: quand elle s'arrêtait, elle n'avait aucune idée de ce qu'elle venait d'écrire. Il y avait suffisamment de preuves cette fois-ci et je crois vraiment que c'était ma soeur qui communiquait avec moi, depuis la dimension suivante.

La puissance psychique normale

Géraldine Cummins m'invita un jour à une séance dirigée par une de ses amies, dans le sud de l'Irlande. Ce médium irlandais entrait dans une transe complète et disait être sous le contrôle d'un prêtre égyptien. Lorsqu'elle était dans cet état elle manifestait des puissances cachées extraordinaires: par exemple, elle réussit, par la force de son subconscient, à soulever une table sur laquelle six personnes étaient assises.

Un professeur qui assistait à la séance était persuadé que sa mère lui avait parlé; c'était bien sa voix, ses gestes habituels, elle l'appelait par son diminutif et elle lui parlait dans sa langue maternelle, le grec, langue inconnue du médium. On y vit plusieurs matérialisations, dont quelques-unes parlèrent. Toutes portaient des vêtements et avaient les mêmes facultés que les humains. Une des femmes présentes bavarda avec une jeune fille matérialisée, qu'elle croyait être sa fille. Ces matérialisations duraient cinq ou six minutes puis elle disparaissaient. La séance eut lieu l'après-midi: donc, pas question ici de lumières tamisées qui empêchent de bien voir; tout était très visible. Ces formes matérialisées étaient fort probablement des projections ectoplasmiques du médium.

La psychométrie

Le docteur David Howe de Las Vegas m'a présenté dernièrement à une psychométriste qui possède la faculté extraordinaire de lire l'aspect subjectif des objets. Après avoir touché à la bague d'une personne ou à une lettre qu'elle a écrite, elle peut donner une description complète de cette personne y compris ses particularités, ses tendances, le genre de travail qu'elle fait, son âge, ses antécédents et même son avenir. En touchant à la bague portée par la personne en question, elle sent une certaine vibration et pénètre dans l'atmosphère mentale de cette personne. La raison en est que l'esprit subjectif imprègne et pénètre tous les objets: la bague se trouve imprégnée de l'atmosphère mentale de son propriétaire ce qui permet au médium de pénétrer à son tour dans ses pensées les plus intimes, dans ses croyances et ses expériences.

La télépsychique et les voix intérieures

Au cours d'un séminaire à bord d'un navire, un des officiers me raconta que, de temps à autre et surtout s'il y avait une panne quelque part, il entendait des voix intérieures lui parler doucement, lui dire la nature du problème et lui expliquer comment y remédier. Il se rendait compte que c'était une capacité extraordinaire que les autres membres de l'équipage n'avaient pas; dans la plupart des cas, disait-il, il s'agissait d'un avertissement.

Un jour, au large des côtes italiennes, alors que lui-même se reposait dans sa cabine, il entendit une voix intérieure le prévenir qu'un des membres de l'équipage (et la voix lui dit même son nom) descendait l'abattre d'un coup de fusil; cet homme était en train de perdre la raison. "J'ai verrouillé ma porte, me dit l'officier puis j'ai téléphoné au capitaine, en lui demandant qu'on enferme ce marin. Et dès que le navire a touché le port, nous l'avons conduit à l'asile." La voix intérieure avait tout à fait raison: le marin possédait un pistolet et par la suite il confessa qu'il avait effectivement voulu abattre l'officier.

Des avertissements de ce genre se présentent aussi parfois dans des rêves ou dans des visions nocturnes.

La voix de l'officier était réelle, car il avait pris l'habitude de demander à son subconscient que cette voix le protège, le guérisse, le bénisse de toutes les façons, c'est-à-dire qu'elle soit la voix de son Moi Profond. Il répétait constamment que tous les avertissements et directives intérieures proviendraient de la Présence Infinie dans son subconscient.

Des conversations avec des "voix"

Au cours de plusieurs des séances auxquelles il m'a été permis d'assister, à Johannesburg, Cape Town et New York, alors que le médium était en état de transe, il m'a semblé entendre flotter dans l'air des voix d'entités ou d'esprits désincarnés. J'ai eu de longues conversations avec ces voix qui me répondaient de façon extraordinairement intelligente. D'autres personnes présentes à ces séances - des physiciens, des médecins, des professeurs - ne se cachaient pas pour dire qu'ils parlaient avec d'anciens confrères ou avec des êtres chers. Ils basaient leurs affirmations sur les antécédents professionnels, le ton de la voix, les attitudes, particularités et idiosyncrasies de ces êtres qui opéraient maintenant dans la quatrième dimension.

Quant à moi, je n'ai jamais pu déterminer avec certitude dans chaque cas, si ces voix qui prétendaient être des parents à moi, provenaient de l'esprit profond du médium ou s'il s'agissait réellement des voix de mes êtres chers, se trouvant maintenant dans la dimension suivante de la vie.

Il s'agit quand même d'une expérience absolument fascinante. Dans un cas bien précis, je crois avoir entendu la voix de mon père qui parle quatre langues: le vieux gaélique, l'anglais, le français et le latin. Sa voix était aussi naturelle que s'il avait été dans la pièce avec nous. Il me dit: "Joe, tu sauras que je suis ton père par ce que je vais te dire. Je t'ai appris cette prière quand tu n'étais qu'un gamin de cinq ans. Écoute bien." Puis il récita le Notre Père, le répétant ensuite en gaélique, en français et en latin. Il demanda à être présenté à toutes les personnes dans la pièce, disant qu'il n'en reconnaissait aucune. Il raconta plusieurs incidents de ma jeunesse, que j'avais oubliés; ma soeur, qui est encore de ce monde, me dit plus tard qu'elle s'en souvenait.

On pourrait toujours dire que le médium explorait mon subconscient et était donc en mesure d'imiter les inflexions de voix de mon père, mais cela serait un peu exagéré dans ce cas-ci. On peut hypnotiser un homme et lui dire qu'il est maintenant votre frère, mais comme il ne l'a jamais rencontré, il ne pourrait pas imiter sa voix, ses manières ou ses gestes, ni représenter sa personnalité.

Une mère apparaît à sa fille avant de mourir

Une jeune institutrice, auditrice fidèle de mes confé-rences, m'a raconté qu'un jour, à l'heure du déjeuner, elle préparait le cours suivant dans sa salle de classe à l'école, lorsque soudain sa mère lui est apparue: elle lui a dit ''Au revoir'' puis elle s'est évanouie dans l'espace.

Ce type d'apparitions n'est pas rare du tout. Il ne fait aucun doute que sa mère, qui habitait New York, ait pensé à sa fille avant sa transition et qu'elle ait projeté sa personnalité à celle-ci. En comparant les heures plus tard, la jeune femme découvrit que sa mère lui était apparue à l'instant même où elle avait expiré.

Le fantôme lui remet un message puis il disparaît

Chez elle, à Londres, Géraldine Cummins me présenta à un homme en mentionnant qu'il avait l'impression que sa maison était hantée car il entendait souvent des bruits de pas très lourds dans l'escalier. Un jour, sa bonne vit l'apparition et elle en fut si effrayée que la peur la cloua littéralement sur place et qu'après cette pénible expé-rience, elle se sentit comme paralysée pendant de longues minutes. Elle refusa de rester plus longtemps dans cette maison et quitta les lieux dès le lendemain.

Je suggérai à cet homme que ce soi-disant fantôme pourrait bien être une pensée-forme, probablement d'une personne de la maison, victime d'un geste criminel, qui désirait intensément faire connaître à quelqu'un les cir-constances de sa mort. Ce désir intense prend souvent la forme de la personne, et dès qu'elle réussit à transmettre le message la pensée-forme se dissipe. Dès qu'il entendrait des bruits de pas lui dis-je, il devait aller à la rencontre du soi-disant fantôme, demander quel message il désirait transmettre, puis écouter attentivement. Il se plia à ma suggestion et dès qu'il vit l'apparition, une nuit, il lui dit: ''Donne-moi ton message'': il entendit alors le récit du meurtre du ''fantôme'' par le frère de celui-ci. La forme disparut ensuite immédiatement.

Une pensée-forme n'est pas la personnalité de l'homme; c'est la parole ou la pensée-forme projetée, qui demeure pendant des centaines d'années jusqu'à ce que quelqu'un reçoive le message.

Comme nous le dit la Bible:

Ainsi en est-il de la parole qui sort de ma bouche, elle ne revient pas vers moi sans effet, sans avoir accompli ce que j'ai voulu et réalisé l'objet de sa mission.
(Isaïe 55; 11)

Dans le cas de l'apparition, la parole était la pensée et le désir intense de communiquer à quelqu'un comment il avait trouvé sa fin tragique, la parole (pensée-forme) restait suspendue jusqu'à ce que cet homme le provoque et l'écoute. Il me raconta par la suite qu'il était exact qu'un meurtre avait bien eu lieu dans cette maison et qu'on n'avait jamais appréhendé le coupable.

''Je suis victime de la magie noire''

La magie noire, la sorcellerie et le culte du diable ont été enseignés et pratiqués depuis des temps immémoriaux Toute l'idée de la sorcellerie repose sur l'ignorance crasse: cela signifie penser négativement d'une autre personne et lui souhaiter du mal. Penser du mal d'une autre personne c'est penser du mal de soi-même et ce qu'on souhaite aux autres on se le souhaite à soi-même en somme.

La jeune employée de bureau qui utilisa le terme "magie noire" me raconta qu'une de ses collègues de travail lui avait confié que plusieurs employées pratiquaient le vaudou contre elle en priant pour qu'elle s'échappe de son corps. Elle avait très peur. Je lui expliquai que leurs prières n'avaient nul pouvoir et qu'il lui suffisait de réciter la prière suivante:

Je vis de la Vie de Dieu. Dieu est la Vie et c'est ma Vie maintenant. L'Amour de Dieu remplit mon âme. Son amour m'enlace, m'entoure et m'enveloppe. Ma vie est enchantée. Le charme de Dieu m'entoure à tous moments.

Je lui ai expliqué qu'elle devait apprendre cette prière par coeur et répéter ces vérités fréquemment, car le contact fréquent de son esprit avec ces vérités chasserait la peur. Chaque fois qu'elle penserait au vaudou ou à la magie noire, elle devait supplanter cette pensée par les mots: "Dieu m'aime et veille sur moi." J'ajoutai que l'Esprit (Dieu) est un et indivisible et qu'une part de l'Esprit ne peut être un antagoniste de l'autre part. En d'autres termes, l'Esprit ne peut être divisé contre lui-même. Cette vérité est péremptoire, absolue et éternelle: cette vérité, simple et universelle, neutralise toute question de magie noire, de sorcellerie et de pratiques malveillantes pour toujours.

Cela lui ouvrit les yeux; elle suivit fidèlement mes directives et il se passa une chose étrange. Les trois jeunes filles dont on croyait qu'elles lui souhaitaient du mal furent toutes les trois tuées dans un accident en se rendant au travail. Le mal qu'elles projetaient vers cette jeune fille était revenu vers elles dans un effet de "boomerang" car il n'avait plus d'endroit où aller: leurs pensées négatives et malveillantes leur ont été retournées, mais magnifiées. En somme, elles se sont détruites elles-mêmes.

Beaucoup de gens dans tous les coins du globe tentent d'utiliser leurs pouvoirs mentaux pour blesser les autres, mais toute personne qui comprend ses liens avec l'Infini est invulnérable à leurs attaques. Les personnes adeptes de ce qu'elles appellent le vaudou, les pratiques malveillantes ou la magie noire n'ont aucun pouvoir réel. Elles se servent de la suggestion, qui est un pouvoir mais pas *le* pouvoir. *Le* Pouvoir est Tout-Puissant et son action prend la forme d'unité, d'harmonie, de beauté, d'amour et de paix.

Sous quelque nom que vous les désigniez - que ce soit Satan, la magie-noire, la sorcellerie, ou les pratiques malveillantes - toutes ces choses ne sont que des suggestions négatives. Refusez d'accorder du pouvoir aux suggestions des autres: accordez-en uniquement à la Présence et au Pouvoir Unique. Lisez le psaume 91 en croyant à ce qu'il dit et votre vie sera enchantée.

Une femme écrit sans crayons ni stylos

Un vieil ami à moi m'a invité chez lui à Mexico récemment. Il y avait là une très belle femme qui pratiquait l'écriture automatique: elle tenait une plume dans sa main laquelle était soudain contrôlée par son propre subconscient. Elle-même disait qu'il s'agissait d'une entité désincarnée appelée le docteur Latella, probablement un médecin d'origine espagnole.

Elle transmit de merveilleux messages à toutes les personnes présentes (nous étions huit) et toutes s'entendaient pour dire que tout ce qu'elle avait écrit était vrai. Elle révéla des événements du futur avec une étonnante justesse: mais la partie la plus fascinante de sa démonstration fut celle où elle lança le stylo et le papier par terre, et où le stylo se mit à écrire sans que personne n'y touche.

Ces messages racontaient des événements de mon passé et de la vie des autres personnes présentes. Un des messages disait qu'un homme de Pennsylvanie obtiendrait un poste de diplomate le lendemain, et cela se produisit. On pourrait toujours dire que la force subconsciente des personnes présentes s'était emparée du stylo ou que quelque esprit désincarné de la dimension suivante s'en servait. Mais il ne faut pas perdre de vue toutefois que les personnes de chair et d'os dans ce monde-ci de même que les personnes de la dimension suivante possèdent un esprit et un corps beaucoup plus désincarné et atténué que nos propres corps à trois dimensions.

Les phénomènes psychiques sont causés par des puissances profondes et peuvent agir indépendamment d'un instrument physique. Les personnes dans la dimension suivante ont aussi un esprit profond et elles sont aussi des êtres de chair. (Dans la Bible, la ''chair'' signifie ''incarnation''.) Cela ne signifie pas avoir des tissus, des muscles, des os, du sang ou d'autres attributs semblables; mais nous avons un corps jusqu'à la fin des temps, il est impossible de ne pas avoir de corps.

Dans la salle où avaient lieu les séances, alors que les événements étaient observés avec une rigueur scientifique, des objets ont été manipulés, tenus et déplacés en dehors de toute intervention physique. Des tables et des meubles ont été déplacés et lors d'une de ces séances, à Londres, je fus témoin d'un lavage de vaisselle sans qu'aucune main n'y touche. Dans les milieux des ESP (perception extra-sensorielle) on appelle cela l'énergie télécinétique cest-à-dire la capacité de déplacer des objets concrets en l'absence des contacts et des efforts physiques habituels.

Le mystère de la bouteille de vin

Il y a quelques années, alors que je rendais visite à Londres au docteur Evelyn Fleet, elle me fit rencontrer un médium qui se trouvait chez-elle. Mon amie me raconta que cet homme pouvait servir du vin sans toucher ni au verre ni à la bouteille. Et là, sous nos yeux, sans que personne ne touche à quoi que ce soit, la bouteille de vin fut ouverte et un verre fut rempli à ras bord. Le verre fut porté à mes lèvres et je confirmai que c'était, sans l'ombre d'un doute, du *vrai* vin dans un *vrai* verre.

Ainsi que l'expliquait le docteur Fleet, c'était l'esprit profond du médium qui avait réussi cet exploit, et apparemment ce n'était pas la première fois qu'elle en était témoin.

Il y a une source incroyable de pouvoirs extraordinaires en nous que nous ne soupçonnons même pas. On pourrait dire que les phénomènes psychiques sont causés par des êtres de la quatrième dimension ou par le subconscient. Le fait est que tous les phénomènes sont causés par la puissance de l'esprit, dans ce monde et dans le suivant.

Votre subconscient peut voir, entendre, ressentir, sentir, voyager, toucher et goûter sans l'aide d'un organisme physique. Vous pouvez projeter votre être à des milliers de kilomètres, voir ce qui se passe et aussi être vu vous-même. De nos jours, le voyage astral ou dans la quatrième dimension est un phénomène bien connu et reconnu. C'est de l'ignorance que d'en nier l'existence ou de ne pas reconnaître que des milliers de personnes à travers le monde l'ont déjà expérimenté elles-mêmes.

Pourquoi certaines prédictions sont-elles justes?

Lorsqu'un gland est semé dans la terre, toutes les caractéristiques du chêne s'y trouvent déjà. L'idée d'un chêne adulte doit exister dans le gland autrement elle ne se concrétiserait jamais. La graine meurt dans la terre, et la sagesse profonde procède à la création du chêne solide.

Lorsqu'un médium se branche sur votre esprit, vos pensées sont comme des graines; votre esprit étant hors du temps et de l'espace, vos pensées et leurs concrétisations ne font qu'un dans l'esprit. En d'autres termes, votre esprit considère la pensée comme étant achevée. Les pensées sont des objets. Un bon médium voit la manifestation achevée de vos idées avant même qu'elles ne se soient concrétisées sur l'écran de l'espace.

Le médium se branche sur vos tendances profondes, vos croyances, vos projets et objectifs et les voit déjà achevés. Tout comme le vôtre, son subconscient ne raisonne que de façon déductive. Bien sûr, si vous le désirez, vous pouvez changer ses prédictions en transformant votre esprit car un changement d'attitudes change tout le reste.

Conscient, éveillé et agissant

Le docteur Phineas Parkhurst Quimby, qui vivait dans l'État du Maine au milieu du 19e siècle était capable de condenser son corps et d'apparaître à des personnes à des centaines de kilomètres de là. Il restait conscient et n'est jamais entré en transe pour lire dans l'esprit des gens ou leur rendre visite à distance. Il disait aux gens quelle était la cause de leur maladie, comment elle s'était développée et il réussit à en guérir un grand nombre. C'est en rejetant toutes les croyances orthodoxes et fausses et en remplissant son esprit des vérités de Dieu qu'il devint clairvoyant.

Tous ces exploits il les accomplit dans un état de parfaite et entière conscience. Le docteur Quimby n'ignorait pas que l'homme est indépendant de son corps et qu'il peut fonctionner avec sa contrepartie, c'est-à-dire son corps subtil ou astral. Tout en conversant avec un malade, il pouvait, grâce à la clairvoyance, voir un patient à cent kilomètres de là sortir de son lit complètement guéri, et tout cela sans même fermer les yeux.

Vous avez un autre corps qui agit indépendamment de votre corps actuel, votre esprit peut agir sur la matière et la déplacer. Le fait est que les phénomènes psychiques se produisent; qu'ils soient dûs à votre subconscient ou au subconscient d'un être cher dans la dimension suivante, le point à retenir c'est qu'il n'existe qu'un seul esprit commun à tous les hommes.

EN RÉSUMÉ

1. Votre subconscient est le maître d'oeuvre et le créateur de votre corps; il en contrôle toutes les fonctions vitales. C'est le siège de la mémoire et des habitudes. Il ne raisonne que de façon déductive. Alimentez votre subconscient de prémisses qui sont vraies et il

réagira en conséquence. Il n'a pas d'yeux et pourtant il voit, pas d'oreilles et pourtant il entend. C'est dans notre subconscient que se trouvent la Sagesse Illimitée et l'Intelligence Infinie. En d'autres termes c'est là que se trouvent toutes les qualités et tous les pouvoirs de Dieu.

2. Votre conscient est l'esprit qui raisonne et qui analyse. Vous choisissez, sélectionnez, pesez, examinez et raisonnez de façon inductive, déductive et analogique. C'est votre conscient qui contrôle votre subconscient; tout ce que notre conscient croit et accepte comme vrai, votre subconscient le réalisera.

3. Une vieille amie à moi, le docteur Géraldine Cummins, aujourd'hui décédée, pratiquait l'écriture automatique en se plaçant dans un état passif, médiumnique et réceptif. Soudain, son contrôle appelé "Astor" assumait la direction, dirigeait sa main et elle écrivait dans des langues inconnues d'elle. Elle présentait des renseignements exacts et même des déclarations prophétiques qui se réalisaient plus tard. Elle se trouvait dans un état proche de la transe et ne savait pas du tout ce qu'elle écrivait. Je crois que dans bien des cas, des hommes et des femmes de la dimension suivante lui ont dicté des messages. De plus elle ne connaissait pas les langues dans lesquelles elle les écrivait.

4. De nombreux médiums sont capables d'exploiter votre subconscient tout en étant dans un état de conscience parfaitement normal.

5. Dans un état de transe, un médium réussit à soulever une table; une autre fois, dans un état de lévitation ce médium s'éleva du sol au plafond. J'ai moi-même été témoin de ces scènes très souvent. Un médium irlandais en état de transe dit à un professeur présent dans la pièce, que sa mère allait s'adresser à lui par son intermédiaire; la mère parla à son fils, en grec, pendant une quinzaine de minutes. Il était persuadé qu'il s'agissait bien de sa mère. Lors de ces séances, plusieurs matérialisations se manifestèrent: quelques-unes prononcèrent des paroles et restèrent avec nous cinq ou six minutes avant de s'évanouir.

6. Les psychométristes peuvent prendre une bague, une lettre ou un vêtement et décrire avec justesse la personne à qui ces objets appartiennent de même que ses traits de caractère, ses tendances, ses maladies et ses agissements. La raison en est que la personnalité de la personne est imprimée sur la bague ou le vêtement ce qui permet au médium de pénétrer dans ses pensées les plus secrètes.

7. Beaucoup de personnes entendent une voix intérieure les prévenir du danger et leur dire de se protéger. Ces avertissements se manifestent parfois dans des rêves et des visions nocturnes. Un capitaine de navire avait pris l'habitude de demander à son subconscient que sa voix intérieure ait pour rôle de le protéger, de le guérir et de le bénir de toutes les façons. Il a pu de cette façon se défaire des fausses impressions et en conséquence elle a toujours été la voix de son Moi Profond.

8. Au cours de certaines séances, alors que le médium était en état de transe, il m'a semblé que des voix d'entités désincarnées flottaient dans l'air. Tout comme les autres personnes présentes, j'ai pu converser longuement avec certaines de ces voix qui donnaient des réponses remarquablement intelligentes. Je crois que quelques-unes de ces voix provenaient du subconscient du médium alors que d'autres venaient de la dimension suivante de la vie. Si vous hypnotisez un homme, et lui suggérez que, dans cet état de transe, il est votre frère, il ne peut pas, puisqu'il ne le connaît pas, reproduire sa voix, son accent, etc.

9. Il nous est tout à fait possible de voir une apparition d'un être cher immédiatement avant son passage à une autre dimension ou tout de suite après: cela se réalise grâce au désir intense qu'a cet être cher de communiquer avec vous. Ce que vous voyez est une projection du corps de la quatrième dimension et de la personnalité de cet être qui vous est cher.

10. Une apparition sous forme de voix ou de bruits de pas peut fort bien être une pensée-forme c'est-à-dire qu'une personne qui est morte dans des circonstances tragiques a un intense désir de divulger à quelqu'un les circonstances de sa mort. La pensée-forme se présente sous la personnalité de cette soi-disant ''personne morte''. Si vous faites face à cette pensée-forme et écoutez son message, elle disparaîtra, sa mission étant maintenant accomplie.

11. Magie noire, sorcellerie, pratiques malvaillantes, tout cela est à classer dans la même catégorie: il s'agit là de pensées négatives, destructrices et d'une mauvaise utilisation de la loi de l'esprit, le tout basé sur de

l'ignorance crasse. La suggestion est *un* pouvoir mais pas *le* pouvoir. Le Pouvoir c'est l'Intelligence Suprême ou l'Esprit Vivant en vous, un et indivisible, agissant sous les traits de l'harmonie, de la beauté et de l'amour. Vous pouvez rejeter toutes les suggestions et pensées négatives des autres; elle n'ont d'autre pouvoir que celui que vous leur accordez vous-même. Même si quelqu'un vous dit: "Tu vas échouer", vous savez, vous, que vous êtes né pour réussir, pour gagner, et que l'Infini en vous ne peut pas échouer; les suggestions négatives ne font que renforcer votre confiance dans le succès et la victoire. Une jeune femme qui avait été prévenue que certaines personnes lui voulaient du mal, affirma dans une prière qu'elle ne faisait qu'un avec l'Infini et que l'amour de Dieu l'entourait et remplissait son esprit et son coeur. Elle refusa d'accorder un pouvoir aux autres et tourna plutôt son attention sur le Pouvoir Unique, qui agit sous les traits de l'amour. Les personnes qui lui voulaient du mal périrent elles-mêmes dans un accident; en d'autres termes elles causèrent leur propre mort. Aussi est-il important de ne souhaiter que des choses bonnes aux autres puisque ce que vous désirez pour les autres, vous le créez dans votre esprit, dans votre corps et dans les événements de la vie.

12. La plupart des personnes qui pratiquent l'écriture automatique le font dans un état proche de la transe au cours duquel elles transmettent des messages intéressants, quoique un peu obscurs, ou encore révèlent la solution aux problèmes même les plus graves. Cette personne tient un stylo dans ses mains et soudain, son subconscient prend le contrôle et se met à écrire à

l'insu de son conscient. On a même déjà vu - j'ai moi-même souvent été témoin de cette scène - un crayon ou un stylo que personne ne tient écrire sur une feuille de papier ou encore une ardoise. La personne qui écrit prétend que les messages proviennent d'entités désincarnées vivant maintenant dans la dimension suivante, êtres chers ou amis des personnes présentes. Je crois que, très souvent, c'est bien ce qui se passe. Ne perdez pas de vue que vous ne serez jamais privé d'un corps et lorsque vous entendrez parler d'esprits ou d'entités désincarnées, sachez qu'on entend par là des personnes fonctionnant dans un corps non plus à trois mais à quatre dimensions. Vous aurez un corps jusqu'à la fin des temps. Il n'y a aucune raison pour qu'un être cher, maintenant dans la dimension suivante, ne communique pas avec vous; et cela se produit souvent dans les rêves.

13. Un très bon médium est capable d'ouvrir une bouteille et de servir du vin dans des verres sans toucher ni à l'un ni à l'autre: c'est là un des pouvoirs de votre subconscient. Votre corps lui-même n'a ni pouvoir, ni intelligence consciente, ni volonté, ni initiative: ce qui le caractérise, c'est l'inertie. Le pouvoir est logé dans votre esprit et votre cerveau.

14. Lorsqu'un médium très sensible se branche sur vous, il lit dans votre esprit. Tout comme le chêne est déjà dans le gland, vos pensées et leur concrétisation ne font qu'un dans votre esprit lequel ignore et le temps et l'espace; il ne raisonne que de façon déductive. Vos pensées sont des objets et à moins que vous ne changiez d'idées, les prédictions d'un médium devraient être justes la plupart du temps: cela ne dépend que de leur perspicacité et de leur sagacité mentales.

15. Le docteur Phineas Parkhurst Quimby avait réussi en 1847, à condenser sa personnalité et à apparaître à des malades à des centaines de kilomètres de chez lui et à les soigner: il pouvait projeter son corps actuel. Il pouvait aussi lire dans l'esprit des gens, leur dire la cause de leur maladie et les guérir; il était aussi clairvoyant. Jamais il n'a été en état de transe, il est toujours resté parfaitement conscient. Pendant que, les yeux grand ouverts, il soignait ses malades, il pouvait en même temps décrire comment un autre malade, à des kilomètres de là, sortait de son lit pour se mettre à table, complètement guéri.

LE MOT DE LA FIN...

Branchez-vous sur la Présence et la Puissance Infinie en vous; proclamez, sentez et sachez que vous êtes inspiré par le Très-Haut, que l'Esprit du Tout-Puissant marche sur les eaux de votre esprit, que Dieu pense, parle, agit et écrit à travers vous. Pénétrez-vous de l'idée que vos paroles sont comme des pommes d'or dans des paysages argentés, qu'elles sont un baume pour votre âme et la moëlle de vos os. Devenez conscient que Dieu vous aime et veille sur vous, que Sa Rivière de Paix inonde votre esprit et votre coeur. Sentez que vous êtes immergé dans sa Sainte Omniprésence, inondé par l'éclat de la Lumière qui ne s'éteint jamais, que vous atteignez maintenant l'Éternel et que vous éprouvez toute l'intensité de cet instant qui ne connaîtra jamais de fin.

«Vous pouvez avoir tout ce que vous désirez dans la vie» dit le Dr Murphy, «car il y a en vous une Puissance Cosmique capable de transformer vos rêves en réalité: cette énergie, c'est votre capacité de communiquer avec l'Esprit Cosmique et de demander *ce que vous voulez.*»

«J'ai enseigné à des gens du monde entier comment se servir de cette puissance cosmique pour attirer l'amour dans leur vie, pour leur apporter la paix, la joie, la santé et des richesses abondantes», nous dit le Dr Murphy.

Voici cette même technique qu'ont utilisée ces personnes et dont vous pouvez vous servir vous aussi.

APERÇU GÉNÉRAL DU CONTENU

Comment rester en communication avec la puissance cosmique.
Comment votre subconscient cosmique peut vous guider.
Comment la puissance cosmique peut résoudre les problèmes.
Comment se servir de l'énergie cosmique pour guérir.
Comment mener une vie couronnée de succès et obtenir de l'avancement.
Comment vous procurer ce que vous essayez d'obtenir.
Comment établir un lien entre votre pensée et la puissance cosmique.

En vente chez votre libraire ou à la maison d'édition:
Les éditions Un monde différent ltée
3400 boul. Losch, Local 8
St-Hubert, QC, Canada
J3Y 5T6

David J. Schwartz

LA MAGIE DE VOIR GRAND

**FIXEZ-VOUS
DES BUTS ÉLEVÉS...
ET DÉPASSEZ-LES!**

Les éditions
Un monde différent ltée

L'auteur de La magie de s'auto diriger nous présente son livre. LA MAGIE DE VOIR GRAND vous donne une méthode qui fonctionne, pas seulement des promesses vides. Les idées et les techniques qui y sont exprimées sont si originales que l'auteur a dû inventer un nouveau vocabulaire pour les exprimer.

Le docteur Schwartz explique les étapes à franchir pour acquérir le vocabulaire de ceux qui «voient grand». Il vous enseigne la façon de porter votre attention sur les grandes réalisations en ignorant les détails sans importance. Il prouve que certaines catégories de pensées attirent la chance. Pour couronner le tout, il vous propose un guide de 30 jours pour mesurer vos progrès vers l'obtention de vos buts et en plus il vous donne un programme à long terme d'amélioration personnelle pouvant vous apporter le succès en affaires et la sécurité.

En vente chez votre libraire ou à la maison d'édition:
Les éditions Un monde différent ltée
3400 boul. Losch, Local 8
St-Hubert, QC, Canada
J3Y 5T6

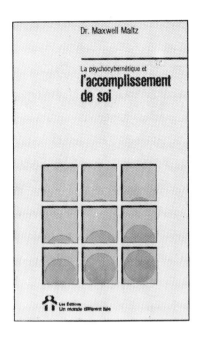

Dr. Maxwell Maltz

La psychocybernétique et
l'accomplissement de soi

Les éditions
Un monde différent ltée

Les autres vous respectent-ils? Ou subissez-vous les conséquences désagréables de votre constante mésestime de vous-même? Si vous êtes vaincu par le doute et que cela vous empêche de réussir et d'avoir des amis, quelqu'un peut faire quelque chose pour vous. Et ce quelqu'un, c'est *vous!* Commencez maintenant!

LE DOCTEUR MAXWELL MALTZ VOUS MONTRE COMMENT

- garder votre identité dans nos temps de conformité
- surmonter votre sentiment de solitude
- relaxer au milieu de l'agitation de la journée
- réagir devant la colère
- parvenir à la paix de l'esprit
- faire du bonheur une «habitude»!

LA PSYCHOCYBERNÉTIQUE

est un processus constructif par lequel vous vous guidez vous-même vers

VOTRE RÉALISATION

VOUS AVEZ LE DROIT D'ÊTRE RICHE!

Pourquoi vous contenter de peu alors que vous pouvez jouir des richesses de l'infini? En écoutant cette cassette, vous allez apprendre à vous lier d'amitié avec l'argent, et vous en aurez toujours en surplus.

Vous êtes ici pour mener une vie abondante, pour être heureux, radieux et libre. Vous devriez donc posséder tout l'argent dont vous avez besoin pour que votre vie soit heureuse et prospère.

Les enseignements du docteur Murphy prouvent hors de tout doute *qu'à celui qui connaît le mécanisme de son esprit, rien n'est impossible!*

En vente chez votre libraire ou à la maison d'édition:
Les éditions Un monde différent ltée
3400 boul. Losch, Local 8
St-Hubert, QC, Canada
J3Y 5T6

Achevé   Imprimerie
d'imprimer Gagné Ltée
au Canada Louiseville